CLAUDIA ROSSBACHER /
HANNES ROSSBACHER

Griaß eich in der Steiermark

CLAUDIA ROSSBACHER /
HANNES ROSSBACHER

Griaß eich in der Steiermark

FÜR ENTDECKER UND GENIESSER

GMEINER

Sofern hier nicht erwähnt, stammen die Bilder von den Autoren Claudia und Hannes Rossbacher.
elements.at New Media Solutions GmbH 11, Graz Tourismus 14, Universalmuseum Joanneum N. Lackner 20, Graz Tourismus Harry Schiffer 24, Universalmuseum Joanneum: Peter Gradischnigg 28, Ferdinand Lechner 38, 152, Johann Zugschwert 44, 140, 144, 158, Tourismusverband Schilcherland Deutschlandsberg 56, Spanische Hofreitschule Bundesgestüt Piber GÖR 64, Glasmuseum Bärnbach Zvonka Pozun 66, Holzwelt Murau, Tom Lamm 72, Kreischberg Seilbahnen 74, Tourismusverband Oberwölz-Lachtal 80, Gemeinde Oberzeiring 82, Kurt Kainrath-Red Bulletin 86, Scherz 88, Fred Gaßner 100, Stift Admont 110, Nationalpark Gesäuse Herfried Marek 112, Günter Huemer 114, Erwin Kocsan 120, Armin Russold (Foto Freisinger) 122, VA Erzberg Bavaria Luftbild Verlags GmbH 124, Marktgemeinde Krieglach 134, Verein Steirische Blumenstraße / Johann Zugschwert 154, Gery Wolf 164, Tourismusverband Bad Gleichenberg / Werner Krug 170, Archiv Tourismusverband Klöch Bernhard Bergmann 174, matom / Thomas Maric 176

Besuchen Sie uns im Internet:
www.gmeiner-verlag.de

Im Ehnried 5, 88605 Meßkirch
Telefon 07575/2095-0
info@gmeiner-verlag.de

1. Auflage 2013

Lektorat/Korrektorat: Claudia Reinert
Satz: Julia Franze
Umschlaggestaltung: U.O.R.G., Lutz Eberle, Stuttgart
unter Verwendung eines Fotos von Claudia Rossbacher
Kartendesign: Mirjam Hecht
Druck: AZ Druck und Datentechnik GmbH, Kempten
Printed in Germany
ISBN 978-3-8392-1365-0

GRAZ UND REGION GRAZ

SÜD- UND WESTSTEIERMARK

REGION MURTAL

ALPINE STEIERMARK

HOCHSTEIERMARK

OSTSTEIERMARK

THERMENLAND STEIERMARK

HERZLICH WILLKOMMEN IN DER STEIERMARK!

Vorwort

Dass es im flächenmäßig zweitgrößten Bundesland Österreichs ganz besonders herzlich zugeht, werden Sie bemerken, sobald Sie, egal aus welcher Richtung, die Grenze passieren. Am Straßenrand begrüßt Sie das ›Grüne Herz‹, jenes allgegenwärtige Logo, das seit über 40 Jahren beinahe ununterbrochen für die Steiermark wirbt. Zum einen ist die ›Grüne Mark‹ das Land mit dem höchsten Waldanteil der Alpenrepublik, dem größten zusammenhängenden Almgebiet Europas und unzähligen Obst- und Weingärten. Zum Zweiten befindet sich hier der geografische Mittelpunkt Österreichs. Der dritte und vielleicht wesentlichste Aspekt, der das sympathische Markenzeichen so glaubwürdig macht, sind die Steirer, die mit außergewöhnlicher Herzlichkeit punkten. In welcher Region sie auch verwurzelt sind, sie sind stolz auf ihre Heimat und setzen alles daran, dass auch Sie sich dort wohlfühlen. Natur, Kultur und Brauchtum werden das ihre dazu beitragen. Nicht zu vergessen die kulinarischen Genüsse, die Ihnen überall begegnen: in urigen Almhütten, gemütlichen Wirtshäusern, Buschenschänken entlang der Steirischen Weinstraßen und Haubenlokalen in der Genusshauptstadt und UNESCO City of Design Graz.

Apropos Regionen: Sie zu definieren, hat uns einiges Kopfzerbrechen bereitet, gibt es doch zahlreiche Möglichkeiten, die Steiermark einzuteilen, wie aus verschiedenen Reiseführern ersichtlich wird. Viele Einteilungen sind bei den Steirern selbst umstritten. Andere reichen in unseren Augen nicht aus, um der Landschaftsvielfalt gerecht zu werden, wie zum Beispiel eine geografisch weitreichende Obersteiermark, die aus einer Zeit stammt, als die heute slowenische Untersteiermark noch innerhalb der Landesgrenzen lag. Vieles hat sich seither verändert, einiges befindet sich im Umbruch, wie auch die Neuordnung der politischen Bezirke, was Flexibilität in jeglicher Hinsicht verlangt.

Da wir uns in erster Linie an Besucher wenden, haben wir beschlossen, uns der Regionseinteilung der Steiermark Tourismus weitestgehend anzuschließen. Als Gast werden Sie vermutlich auf umfangreiches Prospektmaterial, auch von den regionalen Tourismusverbänden stoßen, und wir wollen Sie nicht unnötig verwirren. Es reicht schon, dass die Weststeiermark keineswegs der westlichste Teil der Steiermark ist, wie man meinen könnte, sondern die Region im Süden, westlich der Mur. Lediglich die Tourismusregionen im alpinen Nordwesten und den Nationalpark Gesäuse haben wir zugunsten der Übersichtlichkeit unter ›Alpine Steiermark‹ zusammengefasst. Die sieben Regionen sind zu Ihrer Orientierung in der untenstehenden Abbildung eingezeichnet. Unsere 66 Lieblingsplätze und die 11 Erlebnisstraßen finden Sie in den Karten von Seite 184 bis 187.

Sollten Ihnen die österreichischen beziehungsweise steirischen Ausdrücke, die Ihnen da und dort unterkommen und nicht gleich im Text erläutert werden, nicht geläufig sein, schlagen Sie bitte einfach im Glossar ›Steirisch g'redt‹ auf den Seiten 182 und 183 nach.

Zu guter Letzt möchten wir Ihnen noch einen Tipp mit auf den Weg in die Steiermark geben: In einigen Regionen erhalten Sie gratis oder gegen geringe Gebühr Gästekarten, mit denen Sie einiges an Urlaubsgeld sparen können (www.steiermark.com/de/reiseplanung/card).

Wir wünschen Ihnen eine erlebnisreiche Entdeckungsreise und viel Spaß beim herzhaften Genießen!

Claudia und Hannes Rossbacher

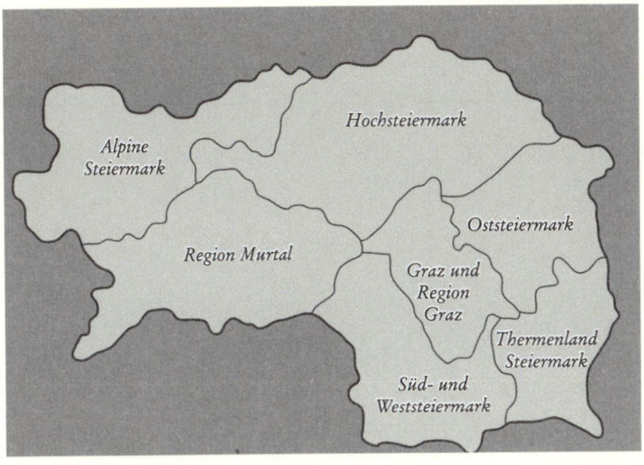

GRAZ UND REGION GRAZ

›LANGE TAFEL‹ VOR DEM GRAZER RATHAUS.

GRAZ TOURISMUS INFORMATION /// HERRENGASSE 16 /// 8010 GRAZ /// (00 43) 03 16 / 8 07 50 /// WWW.GRAZTOURISMUS.AT ///

PULSIERENDES HERZ DER MURMETROPOLE

Hauptplatz Graz

1

Auf dem Grazer Hauptplatz, in den angrenzenden Seitengassen und lauschigen Innenhöfen können Sie sich tage-, ach was, wochenlag herumtreiben, ohne dass Ihnen jemals langweilig wird. Am besten erkunden Sie die vielen Sehenswürdigkeiten, Läden und Lokale zu Fuß. Praktischerweise halten hier alle Straßenbahnlinien, sodass Sie das Herz der Stadt von überall aus gut erreichen können. Die festen Standln bezeugen, dass der trapezförmige Hauptplatz mit seinen prächtigen Bürgerhäusern und dem eleganten Rathaus immer auch Marktplatz war. Am Brunnen im Zentrum wacht der ›Steirische Prinz‹ und große Förderer des Landes Erzherzog Johann als Bronzefigur über den Platz, flankiert von vier Frauen, Symbole für die Flüsse Mur, Enns, Drau und Sann. Wer es ganz genau wissen möchte, schließt sich am besten einer Stadtführung oder Rundfahrt an, die das Tourismusbüro (links unten) anbietet.

Wo früher hingerichtet und gehuldigt wurde, locken heute zahlreiche Feste und Veranstaltungen Grazer, Steirer und immer mehr Gäste aus aller Welt an. So finden sich alljährlich im August an die 500 Leute an der festlich gedeckten ›Langen Tafel‹ mitten auf dem Hauptplatz der Genusshauptstadt Graz zum mehrgängigen Menü mit passender Weinauswahl ein.

Im September geht es ans ›Aufsteirern‹. Dann wird der Hauptplatz mit der Hauptbühne zum grün-weißen Dorfplatz. Das Volksfest der Superlative, zu dem man selbstverständlich in Tracht erscheint, zieht sich durch die halbe Altstadt. Musikanten, Tanzgruppen, Schauhandwerker und Schmankerlproduzenten aus allen Regionen der Steiermark sorgen von Freitag bis Sonntag für gute Stimmung und volle Bäuche.

Zu Ostern und im Advent, wenn die traditionellen Brauchtumsmärkte abgehalten werden, trifft man sich hier genauso wie zum Grazer Faschingszug und zum Fronleichnamsfest sowie zu etlichen anderen Feiern. Leben Sie los!

Chillen, snacken oder frühstücken mit Blick auf Altstadt und Schloßberg lässt es sich auf der Terrasse des Kaufhauses Kastner & Öhler (Sackstraße 7–13, 6. Stock).

SCHLOSSBERG /// SCHLOSSBERGPLATZ /// 8010 GRAZ ///
GRAZ TOURISMUS INFORMATION /// HERRENGASSE 16 /// 8010 GRAZ ///
(00 43) 03 16 / 8 07 50 /// WWW.GRAZTOURISMUS.AT ///

AUF GEHT'S!

Schloßberg Graz

2

Der Schloßberg mit dem Uhrturm erhebt sich nicht nur als Wahrzeichen von Graz inmitten der Altstadt, sondern auch als beliebter Treffpunkt. Die 260 Stufen, die vom Schloßbergplatz am Felsen entlang hinaufführen, nehmen wir zu Fuß. Bequemer geht es mit dem Aufzug oder mit der Schloßbergbahn (Franz-Josefs-Kai 38).

Der markante Uhrturm ist ein Überbleibsel der alten Festung ›gradec‹ (kleine Burg auf slowenisch), aus der sich der Name der Stadt ableitet. Die Anlage ließ Napoleon nach der gewonnenen Schlacht von Wagram 1809 schleifen – als Vergeltungsmaßnahme für die zuvor gescheiterte Einnahme. Ihr Wahrzeichen konnten die Grazer freikaufen, ebenso wie den etwas höher gelegenen Glockenturm, die so vor der Zerstörung bewahrt wurden.

Die Uhren am Uhrturm gehen anders: Der große Zeiger zeigt die Stunde, der kleine, der erst später dazukam, die Minuten an. Dennoch geht der Schloßberg mit der Zeit – außer bei der Schreibung seines Namens. Oben angelangt eröffnet sich der Blick über die ziegelrote Dachlandschaft der Stadt, die von der Mur durchschnitten wird. Bei klarem Wetter sieht man weit übers Grazer Becken hinaus bis nach Slowenien. Der Schloßberg lässt sich sehr gut selbstständig erkunden. Alle Sehenswürdigkeiten sind auf Tafeln beschrieben: vom Chinesischen Pavillon vor der Kanonenbastei über die Kasemattenbühne bis zum Türkenbrunnen vor dem Restaurant im Starcke-Winzerhaus, das mit seinem Terrassengarten zu den schönsten der Stadt zählt. Auch das ›aiola upstairs‹, dessen Glaswände an warmen Tagen und lauen Abenden im Boden versenkt sind, lockt mit Weitblick und kreativer Küche, das Restaurant Schlossberg (in neuer deutscher Rechtschreibung) mit Biergarten und Bar.

Die Stollen im Berg stammen aus dem Zweiten Weltkrieg und werden unter anderem als Veranstaltungshalle (Dom im Berg) und Fußweg zum Karmeliterplatz genutzt.

Pflanzenliebhaber sollten sich den Herbersteingarten am Südhang nicht entgehen lassen, der mit seiner mediterranen Vielfalt als Musterstück der Gartenarchitektur gilt.

KAISER-JOSEF-MARKT /// KAISER-JOSEF-PLATZ /// 8010 GRAZ ///

VOLLES PROGRAMM FÜR DIE SINNE

Kaiser-Josef-Platz Graz

3

Direkt hinter der Grazer Oper – mit rund 1.200 Sitzplätzen und über 40 Logen die zweitgrößte Österreichs – liegt der Kaiser-Josef-Platz. Täglich außer sonntags wird hier von 6 bis 13 Uhr der traditionelle Grazer Bauernmarkt abgehalten. Es ist kurz nach acht, als wir uns ins farbenfrohe Treiben stürzen und uns am Anblick der saisonalen landwirtschaftlichen Produkte weiden, die von steirischen Bauern mehr oder weniger lautstark feilgeboten werden. Auf Wunsch erfahren Sie hier, wie der Salat gewachsen ist und wo die Kuh geweidet hat, ehe diese auf Ihrem Teller landen.

Die Markstände sind schlicht, der Gesamteindruck ist dennoch malerisch. Die Farbenpracht der frischen, knackigen Gemüse, heimischen Früchte und bunten Blumen sind Deko genug. Jetzt, da Ostern vor der Tür steht, sorgen zudem allerlei kunstvolle Gestecke und österlicher Schmuck für besonderes Flair. Ähnliches gilt für die Adventzeit, wenn bäuerlicher Weihnachtsschmuck das Bild prägt. Doch zurück ins Marktgeschehen. Bevor wir wieder viel zu viel einkaufen, wollen wir ausgiebig frühstücken und begeben uns zur Schnabelweide, einem Standl, der drinnen Platz für 30 Personen bietet. Draußen gibt es viele Steh- und wenige Sitzplätze, quasi erste Reihe fußfrei. In der Küche wird zubereitet, was der Markt gerade hergibt. Als Frühstück, Brunch, Mittag- oder Abendessen. Die Auswahl treffen Sie je nach Saison und Gusto. Wir entscheiden uns für Eierspeise mit Schafkäse, Beinschinken mit Kren und köstliches Bauernbrot.

Frühstücken wie ein Kaiser kann man auch im Literaturcafé Orange im Grazer Literaturhaus in der Elisabethstraße 30 – alle Variationen sind hier nach Schriftstellern benannt – und im legendären Feinkost Mild in der Stubenberggasse 7, das seine Gäste mittlerweile in der dritten Generation mit Omas und neuen Rezepten verwöhnt (www.feinkostmild.at).

Die neobarocke Grazer Oper beeindruckt von außen und von innen. Herausragende Aufführungen sind im Haus am Ring Programm (www.oper-graz.com).

JOANNEUMSVIERTEL /// ZUGANG ÜBER KALCHBERGGASSE UND LANDHAUSGASSE /// 8010 GRAZ /// (00 43) 06 99 / 17 80 95 00 /// WWW.JOANNEUMSVIERTEL.AT ///

LANDESBEWUSSTSEIN FÜR DIE STEIERMARK

Joanneumsviertel Graz

4

Die Gründung des Universalmuseums Joanneum im Jahr 1811 ist wie so vieles in der Steiermark Erzherzog Johann zu verdanken. Heute umfasst das Museum elf Standorte und über 4,5 Millionen Objekte aus den Bereichen Wissenschaft, Kunst und Kultur. Ganz im Sinne des Gründungsvaters, durch Sammeln und Dokumentieren eine Identität für das Land zu schaffen und allen Menschen als Bildungseinrichtung zu dienen, erstrahlen die historischen Grazer Stammhäuser 200 Jahre später im neuen Glanz des Joanneumsviertels. Zwischen Naturkundemuseum in der Raubergasse, Steiermärkischer Landesbibliothek in der Kalchberggasse und Neuer Galerie in der Neutorgasse wurde ein zentraler Platz geschaffen, der die unterschiedlichen Bereiche miteinander verbindet. Mit Grünakzenten, Sitzgelegenheiten und Gastgarten lädt er zum Verweilen ein und dient als offener Kunstraum. Durch die transparenten Kegel, die in den Boden hineinragen, fällt das Tageslicht ins Untergeschoss, etwa ins Besucherzentrum, wo sich Servicebereiche, Shop, Kassa und Veranstaltungsräume befinden. Von hier aus gelangen Sie auch in die beiden Museen, in die Landesbibliothek und in die Multimediale Sammlung.

Auf zwei Etagen zeigt die Neue Galerie Kunstwerke aus dem 19. und 20. Jahrhundert bis zur Gegenwart mit wechselnden Themenschwerpunkten. Ein eigener Teil, das Bruseum, widmet sich dem umfangreichen Schaffen von Günter Brus. Wechselnde Ausstellungen und eine Kunstbibliothek stellen weitere Highlights dar.

Die Steiermärkische Landesbibliothek ist die älteste und mit über 700.000 Bänden die größte in Österreich. Mehr als 30.000 Bücher sind im Freihandbereich verfügbar, der größte Teil ist im Tiefspeicher untergebracht. Internetarbeitsplätze und digitale Austattung entsprechen modernen Standards. 400 Millionen Jahre zurück durch die steirische Erdgeschichte reisen Sie im Naturkundemuseum.

Im gesamten Areal des Joanneumsviertels ist der freie Zugang ins Internet über WLAN ohne Registrierung und Passwort nutzbar.

MURRADWEG /// VON MUHR IM LUNGAU BIS ZUR MURMÜNDUNG IN LEGRAD (KROATIEN) /// WWW.GENUSSRADELN.AT /// WWW.RADLAND.STEIERMARK.AT ///

MIR SAN MI'M RADL DO ...

Murradweg

1/11

Dass wir mit dem Fahrrad unterwegs sind, bemerkt die Chefin des Hotel-Gasthofs Lercher in Murau, die uns schon von einer Krimilesung in ihrem Haus kennt, auf den ersten Blick. Nicht nur an unseren verschwitzten Outfits, sondern auch, weil wir uns nach ungewohnten 63 Kilometern auf dem Sattel, über Stock und Stein, etwas seltsam bewegen. Alles tut weh. Jetzt schon. Dabei liegt erst die erste Etappe des Murradweges R2 von Muhr im Lungau, wo die Mur entspringt, hinter uns. Vor der zweiten, die uns am nächsten Tag nach Judenburg führen soll, haben wir mehr Respekt, als es die gemütliche Strecke am Ende des Tages verdient. Der Genuss ist deutlich größer als die Anstrengung, nicht nur weil es meist bergab entlang der Mur geht, sondern auch, weil wir die steirische Familie auf ein Backhendl mit Erdäpfel-Vogerlsalat an reichlich Kürbiskernöl treffen.

Auch die weiteren Etappen beweisen uns immer wieder aufs Neue, wie schön und abwechslungsreich die Landschaft ist, wie gastfreundlich die Leute sind, und wie köstlich (verglichen mit Wiener Preisen auch günstig) man hier überall isst und trinkt. Nach Leoben und Bruck an der Mur am dritten Tag und Graz am vierten gelangen wir am fünften in die südsteirische Weinhauptstadt Leibnitz und schließlich am sechsten nach Bad Radkersburg, wo wir unsere nunmehr gestählten Radfahrermuskeln mit Saunagängen und Bädern in der Parktherme verwöhnen. Die letzte Etappe des insgesamt 458,7 Kilometer langen, mehrfach ausgezeichneten Murradweges führt durch Slowenien bis zur Murmündung in Kroatien. Doch die verschieben wir auf einen späteren Zeitpunkt. Zuvor wollen noch so viele Plätze in der Steiermark mit dem Rad erkundet werden. Etwa jene, die am Enns-, Feistritztal-, Thermenland-, Sausal-, Raabtal-, oder Ölspurradweg liegen und einige mehr. Das nächste Mal vielleicht per E-Bike? (www.velovital.com)

Auch für Mountainbiker hat die Steiermark erlebnisreiche Strecken und Touren für alle Ansprüche zu bieten:
www.steiermark.com/rad

KUNSTHAUS GRAZ /// LENDKAI 1 /// 8020 GRAZ ///
(00 43) 03 16 / 80 17 92 00 ///
WWW.MUSEUM-JOANNEUM.AT/KUNSTHAUS ///

WAHRZEICHEN DER KULTURHAUPTSTADT

Kunsthaus Graz

5

›Friendly alien‹ nannten die Architekten Peter Cook und Colin Fournier ihr Projekt, das sie für die Kulturhauptstadt Graz 2003 planten. Treffender hätte man das spektakuläre Gebäude nicht bezeichnen können. Mit seinen biomorphen Formen erinnert es an ein fremdes Wesen, das sich hier eingenistet hat. Dabei schmiegt sich die ›Blase‹, wie die Grazer ihr Kunsthaus nennen, förmlich liebevoll an seine historischen Nachbarn an.

Stützenfrei schwebt die Konstruktion über dem gläsernen Erdgeschoss, in dem ein Restaurant und eine Medienlounge untergebracht sind. Aus seiner blauen Haut aus Acrylglas wachsen an der Oberseite saugnapfartige Gebilde, die ›Nozzles‹. Nach Norden hin ausgerichtet, kann durch sie das Tageslicht optimal einfallen. Von außen betrachtet bilden sie einen eindrucksvollen Kontrast zur roten Ziegellandschaft der umliegenden Giebeldächer.

Die Licht- und Medienfassade am rechten Murufer dient als Bildschirm für künstlerische Produktionen und öffentliche Botschaften. Die ringförmigen Leuchtstoffröhren hinter 900 Quadratmetern Außenhaut kommunizieren pixelartig in Richtung Altstadt, teilweise unterstützt durch akustische Effekte.

Ein Förderband zieht uns in den Bauch des Kunsthauses auf die erste Ausstellungsebene. Ein zweites solches Band führt weiter hinauf auf Ebene zwei. Am Ende verlassen wir beeindruckt die Blase und betreten die gläserne Aussichtsplattform, wo wir auf bequemen Sitzmöbeln ein wenig ausruhen und den Ausblick genießen. Die langgestreckte Plattform reicht bis übers Dach des Eisernen Hauses, jenes historischen Nachbargebäudes, dessen denkmalgeschützte Gusseisenkonstruktion behutsam renoviert wurde. Hier ist auch der Museumsshop mit allerlei originellen Souvenirs untergebracht. Das Kunsthaus zeigt ausschließlich Kunst der letzten vier Jahrzehnte in wechselnden Ausstellungen von internationalem Format.

Nicht alle Nozzles richten sich gen Norden. Einer lugt nach Osten, um den Uhrturm, das traditionelle Wahrzeichen der Stadt, als Objekt ins Kunsthaus zu holen.

Elstar
Kronprin
1Kg €
Salbei Tricolor
dreifarbig, grün- weiss- purpurfarbenes Blatt
sehr attraktiv, beliebte Struktursorte.
€ 13,-
ei gelbbunt
€ 13.-
Majoran
BAUERNMARKT LENDPLATZ /// 8020 GRAZ ///
WWW.BAUERNMARKT-LENDPLATZ.AT ///

VERRUCHT, KREATIV, BÄUERLICH

Lendplatz Graz

6

Es gibt sie noch: die Spielhöllen und Spelunken, für die das Lendviertel lange Zeit ebenso stadtbekannt wie berüchtigt war. An einigen Ecken könnte man sich gar am Hamburger Kiez wähnen. Doch hat hier längst dasselbe urbane Phänomen eingesetzt, das auch in London, New York oder anderswo auftritt. Die Verhältnisse im ehemals billigen Einwandererviertel haben Kreative und Künstler angelockt, die sich in Agenturen, Ateliers, kleinen Läden und hippen Lokalen rund um den weitläufigen Lendplatz angesiedelt haben. Sie alle beleben das Viertel enorm und werten es immer mehr auf. Wie wohl auch das Kunsthaus am Lendkai maßgeblich zur Imagekorrektur des Grätzels beigetragen hat.

Am Lendplatz – mit Blick auf den Uhrturm – herrscht vor allem an den Vormittagen (außer sonntags) buntes Treiben, wenn die Bauern des Landes ihre selbsterzeugten Produkte auf dem Markt feilbieten. Hier findet sich alles, was die Steiermark an Spezialitäten zu bieten hat. Von Steirischem Kürbiskernöl, Grazer Krauthäuptel, Krenwurzn und Käferbohnen über Fleisch, Wurstwaren und Fisch aus heimischer Produktion bis hin zu frischen Kräutern und Blumen. Kulinarisch lohnt sich auch ein Besuch des Italo-Feinschmeckerstandes ›Macello‹ oder, nur wenige Schritte entfernt vom Bauernmarkt, das ›blendend‹ in der Mariahilferstraße 24 und ›Die Scherbe‹ in der Stockergasse 2, wo abends auch Konzerte, Lesungen und Theateraufführungen stattfinden. (Genial ist hier übrigens das Frühstück, das bis 15 Uhr serviert wird.)

Zentral und günstig wohnen lässt es sich in der Steirerstub'n am Lendplatz 8, die mit exzellenter Steirischer Küche aufwartet. Vom Hotel-Garni Feichtinger (feudales Frühstücksbuffet!) am Lendplatz 1A sind es ebenfalls nur wenige Schritte bis zum Mariahilferplatz, zum Kunsthaus und – über den Mursteg oder die Erzherzog-Johann-Brücke – in die Innere Stadt.

Für Trendbewusste: Wie wäre es mit einem neuen Haarschnitt oder einer Haarfarbe aus einem der angesagten Friseurläden in Lend?

UNIVERSALMUSEUM JOANNEUM SCHLOSS EGGENBERG
UND PARK /// EGGENBERGER ALLEE 90 /// 8020 GRAZ ///
(00 43) 03 16 / 80 17 -95 32 /// WWW.MUSEUM-JOANNEUM.AT ///

VON ÜBERIRDISCHER PRACHT ODER: »NA, PFAU!«

Schloss Eggenberg Graz

7

Im Westen von Graz erwartet uns eine UNESCO Welterbestätte, die schon vor dieser höchsten kulturellen Auszeichnung im Jahr 2010 als die bedeutendste Schlossanlage des Landes galt: Schloss Eggenberg, vulgo ›steirisches Escorial‹. Der eindrucksvolle Repräsentationsbau wurde von Fürst Hans Ulrich von Eggenberg und seinem Architekten Giovanni Pietro de Pomis als architektonisches Abbild des Universums erschaffen, der nach der Vorstellung des Bauherrn einer geordneten Welt im irdischen Chaos entsprach. So befindet sich die Schlosskapelle des Vorgängerbaus genau im Schnittpunkt der Hauptachsen, der das Zentrum des annähernd quadratischen Grundrisses bildet. Doch das ist nur der Anfang einer schier unglaublichen Zahlensymbolik und Familienmythologie, die im Schloss steckt. Dass der Fürst seine erstaunlichen mathematischen, astronomischen und astrologischen Kenntnisse an allen Ecken und Enden einbrachte, erfahren Sie am besten bei einer Führung.

Überwältigend ist die Beletage im zweiten Stock mit 24 Prunkräumen und dem prachtvollen Planetensaal im Mittelpunkt. Möchte man die über 500 Deckengemälde ausgiebiger betrachten, drohen Nackenverspannungen. Mit europäischer Kunst von Mittelalter bis zum Spätbarock des 18. Jahrhunderts geht es in der Alten Galerie im ersten Stock weiter. Im Erdgeschoss können Sie die umfangreiche Sammlung des Münzkabinetts bewundern, die, ausgehend von Schenkungen Erzherzog Johanns, längst auf über 70.000 Objekte angewachsen ist.

Wer nun glaubt, er hätte schon alles gesehen, der irrt. Draußen im romantischen Park geht es weiter. In einem modernen Gebäude ist das ›Lapidarium‹ untergebracht, das die größte Römersteinsammlung Österreichs beherbergt. Weltbewegende Funde bietet auch das Archäologiemuseum, in dem unter anderem der original Strettweger Kultwagen ausgestellt ist (siehe Seite 85).

Nicht zu übersehen, vor allem nicht zu überhören: Die prächtigen Pfaue des Schlossparks und ihre Schreie, die selbst vor den Eggenberger Schlosskonzerten keinen Respekt zeigen.

MARKTGEMEINDEAMT THAL /// AM KIRCHBERG 2 /// 8051 THAL ///
(00 43) 03 16 / 58 34 83 /// THAL.RISKOMMUNAL.NET ///

HEIMAT BIST DU GROSSER SÖHNE …

Thal bei Graz – Thalersee

8

Die Töchter wurden inzwischen in die Österreichische Bundeshymne integriert, damit Frauen sich nicht länger diskriminiert fühlen müssen. So weit, so gut. Der weltweit bekannteste Österreicher (neben Wolfgang Amadeus Mozart) ist dennoch ein Sohn, dem man in der 2.000-Seelen-Marktgemeinde Thal auf Schritt und Tritt begegnet, auch wenn er schon lange in Kalifornien lebt und es dort immerhin bis zum Gouverneur gebracht hat. Arnold Schwarzenegger ist hier geboren, aufgewachsen und Jahrzehnte später hierher zurückgekehrt, um in einem Ruderboot am Thalersee um Maria Shrivers Hand anzuhalten und der Nichte des 35. US-Präsidenten John F. Kennedy einen Brillantring an den Finger zu stecken. Das denkwürdige Boot des Versprechens ist am Ufer des Thalersees ausgestellt und soll es auch für alle Zeit bleiben, Scheidung hin oder her. Sein Geburtshaus wurde zum Museum umfunktioniert, und es gibt einen Wanderweg, der ebenfalls seinen Namen trägt.

Dass der Thalersee eines der beliebtesten Ausflugsziele der Grazer ist, hängt weniger am Schwarzenegger-Kult, als am breiten Freizeitangebot inmitten des Landschaftsschutzgebietes, nur vier Kilometer von der Landeshauptstadt entfernt. Im Sommer lässt es sich hier spazieren gehen, schwimmen, sonnenbaden, grillen sowie Ruder- und Tretboot fahren. Eine Fischerkarte, um Weißfische, Karpfen, Schleien, Forellen, Zander, Hechte oder Welse zu angeln, gibt es im hiesigen Bootsverleih und im Café Restaurant Thalersee. Im Winter kann man hier Eislaufschuhe ausleihen und über die geräumte Eisfläche flitzen. Herzhaft genießen lässt es sich das ganze Jahr über, ob drinnen oder draußen auf der lauschigen Terrasse, direkt am Seeufer. Wer länger bleiben möchte, kann eines der Fremdenzimmer der Dreisterne-Kategorie beziehen.

Der Golfclub Thalersee mit einem 9-Loch und einem 18-Loch-Championship-Platz ist in nur drei Gehminuten erreichbar.

Sehenswert ist die Jakobuskirche, die Professor Ernst Fuchs gestaltete, bekannter Künstler und Mitbegründer der Wiener Schule des Phantastischen Realismus.

ZISTERZIENSERSTIFT REIN /// REIN 1 /// 8103 EISBACH ///
(00 43) 0 31 24 / 5 16 21 /// WWW.STIFT-REIN.AT ///

GASTHOF PENSION ZUR LINDE /// HÖRGAS 1 /// 8103 EISBACH-REIN ///
(00 43) 0 31 24 / 5 10 69 /// WWW.ZURLINDE-STIFTREIN.AT ///

EIN STÜCK VOM HIMMEL

Stift Rein

9

Himmlisch ist nicht nur die Ruhe, die uns im beschaulichen Rein empfängt. Es ist die spürbare Harmonie dieses Ortes, die uns sofort in ihren Bann zieht. Engelsgleiche Stimmen locken uns vom weitläufigen Innenhof des gleichnamigen Stifts in die prunkvolle Barock-Basilika. Ein letztes Mal probt ein Grazer Kirchenchor vor seinem Benefizauftritt, der am selben Abend hier stattfindet, was uns prompt die Tränen in die Augen treibt.

Die Geschichte des Stifts würde einige Seiten füllen. Erwähnt sei hier nur, dass es sich bei dem 1129 gegründeten Zisterzienserstift um das älteste der Welt handelt, das seither durchgehend aktiv ist. Erst 2006 wurde unter dem Fußboden der Marienkapelle eine Treppe entdeckt, die zum Grab des Markgrafen Leopold I. führt. Der Traungauer war nicht nur der Stifter von Rein, sondern auch der erste Landesfürst einer selbstständigen Steiermark, die ihren Namen ebenjener Markgrafenfamilie aus Steyr verdankt. So eindrucksvoll wie die Geschichte des Stifts sind seine Kunstschätze und die kreativen Maßnahmen zu deren Erhaltung. Weil nicht nur der Zahn der Zeit, sondern auch der Holzwurm an den 175 barocken Engelfiguren in der Basilika nagt, können Patenschaften für die Restaurierung der Reiner Engel erworben werden. Auch die wertvollen Bücher der Stiftsbibliothek suchen nach spendenfreudigen Paten. Die Aktion ›Ein Stück vom Himmel‹ lukriert Mittel für die Renovierung der opulenten Deckenfresken, und auch die oben erwähnten Benefizveranstaltungen tragen ihr Scherflein bei.

Wer sich nach einer Auszeit sehnt, kann im Kloster leben, mit den Mönchen beten und essen. Allen anderen seien die Führungen ans Herz gelegt, aber auch die irdischen Genüsse der Stiftstaverne und der umliegenden Gasthäuser. Insbesondere im Kulinarium-Gasthof ›Zur Linde‹ lässt es sich vortrefflich schmausen und in einem der Gästezimmer übernachten.

Waldwanderwege wie der Alpenbockweg, der Ulrichsberg-Höhenweg oder der Prälatenweg, deren Ausgangspunkte in Rein liegen, laden zu ausgedehnten Spaziergängen ein.

ÖSTERREICHISCHES FREILICHTMUSEUM STÜBING /// ENZENBACH 32 ///
8114 STÜBING /// (00 43) 0 31 24 / 5 37 00 ///
WWW.FREILICHTMUSEUM.AT ///

LAND DER HÄMMER, ZUKUNFTSREICH!

Freilichtmuseum Stübing

10

Und wieder eine Zeile aus der österreichischen Bundeshymne, die hierher passt, wenngleich wir eine Reise in die Vergangenheit antreten. Aber die war schließlich auch einmal Zukunft. Also, auf geht's!

Über 100 historische Originalgebäude, meist bäuerliche Bauten aus ganz Österreich (außer aus Wien) sind es inzwischen, die fein säuberlich abgetragen und auf dem weitläufigen Museumsgelände in Stübing an der Mur wieder aufgebaut wurden, um Volkskultur zu bewahren und altes Wissen zu vermitteln. Ein Besuch, für den Sie zwei bis drei Stunden einplanen sollten, führt Sie von Ost- nach Westösterreich. Im Burgenland stößt sich die größere Hälfte von uns beiden gleich einmal den Kopf am Türstock des Berglerhauses aus dem späten 18. Jahrhundert an. Wer meint, er würde sich nun bis zum Bregenzerwälderhaus merken, dass die Menschen früher kleiner waren, der irrt. Blut fließt zum Glück keines. Das würde auch nicht zum Schauplatz passen. Die düsteren Seiten des harten Lebens anno dazumal werden im Freilichtmuseum nämlich ausgespart. Dafür ist hier alles liebevoll dekoriert, als wären die Häuser tatsächlich bewohnt beziehungsweise bewirtschaftet. Frische Blumen stehen auf dem Tisch, Arbeitsgeräte warten auf ihren Einsatz und die Zuckerl in der alten Gemischtwarenhandlung haben ihr Ablaufdatum noch lange nicht überschritten. An den Erlebnistagen erwacht das Freilichtmuseum aus seinem Dornröschenschlaf. Dann kann man hier über 50 Handwerkern beim Schmieden, Klöppeln, Dreschen, Mähen, Käsen oder Pflügen mit Pferden zusehen und vieles gleich selbst ausprobieren. Dazu gibt es Köstliches aus den Regionen, Musik und Tanz. Im Advent geht es beschaulicher zu. Dann werden hier Strohsterne und Weihnachtsschmuck gebastelt, Lebkuchen gebacken, Weihnachtslieder gesungen und Adventgeschichten vorgelesen.

PS.: Alle Beulen sind längst wieder verheilt.

Tiefere Einblicke in alte Handwerktechniken wie Spinnen, Zäunen, Kraxen- oder Korbflechten, Brot backen und einige mehr gewinnen Sie bei einschlägigen Kursen.

LURGROTTE PEGGAU /// LURGROTTENSTRASSE 1 / 2 /// 8120 PEGGAU ///
(00 43) 0 31 27 / 25 80 /// WWW.LURGROTTE.COM ///
LURGROTTE SEMRIACH /// FAMILIE SCHINNERL /// 8102 SEMRIACH ///
(00 43) 0 31 27 / 83 19 /// WWW.LURGROTTE.AT ///

BATMAN UND DER BONSAI-HOLLERBUSCH

Lurgrotte Peggau – Semriach

11

Nach Erschließung der größten wasserdurchströmten Tropfsteinhöhle Österreichs konnte man diese ab 1963 über sechs Kilometer lange Weganlagen durchqueren. Zwölf Jahre später kam ein verheerendes Hochwasser, seither muss sich der Besucher für einen der beiden Eingänge in Semriach oder Peggau entscheiden. Von welcher Seite Sie das natürlich gewachsene Höhlensystem auch betreten, Sie werden sich in einer fremden, zauberhaften Welt voller Naturwunder wiederfinden. Einer staubfreien Welt mit Jahraus, Jahrein konstanten +10 Grad Celsius und 97 Prozent Luftfeuchtigkeit. Eine Wohltat für die Atemwege! Also atmen Sie tief durch, solange die Führung über gut beleuchtete, gesicherte Wege dauert (etwa eine Stunde).

Die Lurgrotte mit ihren unterirdischen Bachläufen und Auswaschungen fasziniert mit gigantischen Tropfsteinformationen wie dem Riesen, einem 13 Meter hohen Stalaktiten (Semriacher Seite) oder der Krone (Peggau) – übrigens eine grandiose Location für kleinere Konzerte, Lesungen und Präsentationen oder für professionelle Fotoshootings. Der Große Dom (Semriach) dient mit seinen 120 Metern Länge, 80 Metern Breite und 40 Metern Höhe gelegentlich als einer der imposantesten Konzertsäle der Welt.

Skelettfunde von Höhlenbären gibt es ebenso zu bewundern wie lebendige Hufeisennasen. Diese Fledermäuse überwintern immer an derselben Stelle, um im Sommer wieder auszuziehen. Einen Langschläfer durften wir Mitte Mai beim Aufwachen beobachten. Das größte, bisher ungeklärte Wunder ist wohl der winzige Holunderstrauch, der etwa 500 Meter entfernt vom Peggauer Eingang seit über 20 Jahren ohne Sonnenlicht oder entsprechende Pflanzenlampe gedeiht und kein einziges grünes (!) Blatt verloren hat. Wissenschaftler rätseln, wie der Bonsai-Hollerbusch im täglich maximal fünfminütigen Schein einer herkömmlichen Energiesparlampe überleben kann.

Im Winter werden drei- bis siebenstündige Abenteuerführungen mit Karbidlampen angeboten, bei denen Sie bis vier Kilometer tief in die Höhle eindringen.

TOURISMUSVERBAND PERNEGG-MIXNITZ-BÄRENSCHÜTZKLAMM /// KIRCHDORF 16 /// 8132 KIRCHDORF /// (00 43) 0 38 67 / 80 44 11 /// WWW.BAERENSCHUETZKLAMM.AT ///

STETER TROPFEN HÖHLT DEN STEIN

Bärenschützklamm Pernegg-Mixnitz

12

Nach einem herzhaften Frühstück mit Kernölschmölzi und steirischen Langsemmeln brechen wir gut gestärkt und ebenso gelaunt auf, um ein Naturdenkmal zu erwandern, das von Mixnitz aus in eineinhalb Stunden zu Fuß erreichbar ist. Wir kürzen den Weg zur Bärenschützklamm um eine halbe Stunde ab, indem wir das Auto weiter nördlich des Dorfes auf dem Parkplatz Bärenschütz stehen lassen. Von dort aus geht es auch für uns zu Fuß auf der Straße taleinwärts, dann auf dem Weg 745 in den Wald und entlang des Mixnitzbaches weiter.

Am Einstieg in die Klamm muss einer von uns seine Höhenangst abgeben und die (wohlfeile) Eintrittsgebühr bezahlen, damit wir die spektakuläre Durchquerung der Kalkschlucht über 164 Brücken und 2.500 Holzsprossen antreten können. Immerhin will der Grazer Alpenclubsteig, der bei seiner Eröffnung 1901 als Pionierleistung galt, auch erhalten werden, was aufgrund der Geländebeschaffenheit sehr aufwendig ist. Wir klettern also zwischen mächtigen 200 bis 300 Meter hohen Felswänden empor, das Brausen der Wasserfälle um uns herum in den Ohren. Die Kraft des Wassers hat die 400 Millionen Jahre alte Klamm gezeichnet, Höhlen, Karren, Rillen und topfartige Felskolke aus dem Gestein gemeißelt. Im engsten Abschnitt tun sich buchstäbliche Abgründe unter uns auf, die nur einer von uns ohne Schwindelgefühl bestaunen kann. Dennoch schaffen wir es in gut eineinhalb Stunden durch die Bärenschutzklamm und erreichen nach einem etwa 20-minütigen Waldspaziergang das Wirtshaus ›Zum Guten Hirten‹. Hier gönnen wir uns unser redlich verdientes Mittagessen.

Danach könnten wir weiter auf den Hochlantsch wandern, der direkt vor uns liegt, doch angesichts der dunklen Wolken wählen wir lieber den gemütlichen und sicheren Weg 746 zurück zum Einstieg der Klamm und weiter zum Parkplatz, wo es just zu regnen beginnt, als wir ankommen.

Vom Gasthof ›Zum Guten Hirten‹ erreichen Sie den 1.720 Meter hohen Gipfel des Hochlantsch in zweieinhalb Stunden. Für alle Wanderungen sind Wanderschuhe nötig.

SCHÖCKLSEILBAHN /// SCHÖCKLSTRASSE 23 /// 8061 ST. RADEGUND ///
(00 43) 0 31 32 / 23 32 /// WWW.SCHOECKEL.AT ///

AUFI, EINI, UMADUM UND WIEDER OWI

Schöckl

13

Schon von Weitem und aus allen Himmelsrichtungen ist der markante Schöckl erkennbar. Aufi, also hinauf auf den 1.445 Meter hohen Hausberg der Grazer geht es zu Fuß oder, ganz bequem in sieben Minuten, mit der Sechser-Gondelbahn, die auch Fahrräder und Gleitschirme nach oben befördert. Schon auf dem Weg hinauf lässt es sich weit ins Land eini- und auf die Landeshauptstadt owischau'n. Oben bietet sich ein fantastischer Blick. Wer den gemütlichen, dreieinhalb Kilometer langen Plateau-Rundwanderweg beschreitet, also einmal umadum geht, kann die Aussicht in alle Richtungen genießen: von den Nördlichen Kalkalpen bis zum Triglav an der slowenisch-italienischen Grenze im Südwesten. Der neu errichtete ›Weg für Alle‹ ist auch für Rollstuhlfahrer und Kinderwägen geeignet.

Wer Action sucht, nimmt den Hexenexpress von der Bergstation bis zur Halterhütte. Ihren Namen verdankt die Sommerrodelbahn der Schöcklhexe, die der Sage nach in ihrem Wetterloch hagelbringende Unwetter braut. Üben können Sie sich hier heroben auch im Disc Golf, einer Trendsportart, bei der eine Frisbee-Scheibe auf 18 Bahnen mit möglichst wenig Würfen in speziellen Körben zu versenken ist.

Besonders Abenteuerlustige können Paragleiten oder Drachenfliegen. Radfahrern aller Disziplinen stehen neben der anspruchsvollen, acht Kilometer langen Downhillstrecke ein Singletrail für Freerider und der 35 Kilometer lange Schöckl-Panorama-Radrundweg zur Verfügung.

Die obligate Brettljausn und andere steirische Schmankerln gibt es in allen barrierefrei erreichbaren Schöckl-Gaststätten, in denen auch übernachtet werden kann: Stubenberghaus, Alpengasthof, s'Wirtshaus am Schöckl, Johann-Waller-Hütte (1.200 Meter), Halterhütte (1.400 Meter) und in der Schöcklstube an der Talstation in St. Radegund.

Auszeit genießen: Das denkmalgeschützte Stubenberghaus thront seit 1889 eindrucksvoll auf dem Schöckl und lädt zum Verweilen in stilvollem Ambiente ein. www.stubenberghaus.at

STEIRISCHE TOURISMUS GMBH /// ST. PETER HAUPTSTRASSE 243 ///
8042 GRAZ /// (00 43) 03 16 / 4 00 30 ///
WWW.STEIERMARK.COM/PILGERN, WWW.PILGERN.INFO ///

AUF DEM RECHTEN WEG

Steirische Pilgerwege

2/11

Ob wir nun Gott, uns selbst oder eine Zeit der Stille im Einklang mit der Natur finden möchten, immer mehr Menschen führt ihre Suche auf Pilgerwege. Der bekannteste ist wohl der Jakobsweg, der sich durch halb Europa und ein Stück weit durch die Weststeiermark zieht (www.jakobsweg-steiermark.at). Neben der Muschelkennzeichnung weist die rot-weiß-rote Markierung den Pilgern den rechten Weg in acht Etappen. Von der Jakobikirche in Thal bei Graz geht es über Bärnbach, den Koralpenspeik (mit 2.140 Metern die höchste Erhebung) und das Bergdorf Soboth ins kärntnerische Lavamünd, wo der Weg nach 151,5 Kilometern in den südösterreichischen Jakobsweg mündet. An jedem Etappenziel steht ein Pilgerstein, der die Kilometer bis nach Santiago de Compostela anzeigt. Dort finden sich auch Unterkünfte, die unbedingt vorab reserviert werden sollten. Wer mag, kann von Soboth auch den anderen, ebenso reizvollen Weg ins slowenische Maribor einschlagen.

Weitere Pilgerwege führen zum meistbesuchten Ort der Steiermark, nach Mariazell. Das mit ›06‹ gekennzeichnete Wallfahrtswegesystem verläuft durch Wien, Niederösterreich, das Burgenland, Oberösterreich, Salzburg, Kärnten und die Steiermark. Manch einer pilgert gar von Kroatien, Slowenien, Ungarn oder Tschechien in den bekanntesten Wallfahrtsort Österreichs.

Der Hemma Pilgerweg ist der heiligen Hemma (geborene Gräfin von Friesach-Zeltschach) gewidmet, der Gründerin der Benediktinerklöster Admont und Gurk. Die 186,6 Kilometer lange Strecke von Admont, vorbei an Schloss Trautenfels und Grimming, über Oberwölz, Murau und St. Lambrecht im Naturpark Zirbitzkogel-Grebenzen bis ins kärntnerische Gurk lässt sich in sieben Tagen bewältigen.

Pilgern und wandern können Sie unter anderem auch auf den Spuren der Bibelschmuggler am ›Weg des Buches‹ oder des Schriftstellers Peter Rosegger am Christmettenweg.

Das größte begehbare Holzkreuz der Welt steht am Veitscher Ölberg, am Kreuzungspunkt der wichtigen europäischen Weitwanderwege E4 und E6. www.pilgerkreuz.at

SÜD- UND WESTSTEIERMARK

TOURISMUSVERBAND ›DIE BESTEN LAGEN SÜDSTEIERMARK‹ /// SPARKASSENPLATZ 4A /// 8430 LEIBNITZ /// (00 43) 0 34 52 / 7 68 11 /// WWW.LEIBNITZ.INFO ///

RESTAURANT MURNOCKERL /// OBERE MURSTRASSE 21 /// 8431 GRALLA BEI LEIBNITZ /// (00 43) 0 34 52 / 7 33 03 /// WWW.MURNOCKERL-GOURMET.AT ///

WEINHAUPTSTADT IN BESTEN LAGEN

Leibnitz

14

Begeisterten Tennisspielern wie uns fällt zuallererst Thomas Muster ein, der aus Leibnitz stammt und als bislang erfolgreichster Österreicher 1996 das ATP-Ranking anführte. Die Bezirksstadt hat aber viel mehr zu bieten als ein breites Sport- und Freizeitangebot mit Tenniszentren, mehreren markierten Wanderwegen, Laufstrecken, Radwegen, Kletterpark, Erlebnisbad und mehr. Spätestens am Hauptplatz wird klar, dass Leibnitz eine lebendige Einkaufs- und Genussstadt ist. Als urbaner Teil des Naturparks Südsteirisches Weinland (www.naturparkweinland.at) spielt hier der Wein eine zentrale Rolle. In Leibnitz, Wagna, Seggauberg und Kaindorf an der Sulm dreht sich vieles um den Wein, der hier seit Jahrhunderten angebaut wird und in Haubenrestaurants, Gasthäusern und Buschenschänken genossen werden kann.

Als Kaderschmiede der steirischen Winzer ist die Weinbauschule Silberberg am Kogelberg mit ihrem angeschlossenen Landesweingut bekannt, das alljährlich bis zu 140.000 Flaschen Qualitätswein produziert und mit einigen Prämierungen als fixe Größe in der Weinszene gilt. Vinophilen wie uns werden nicht nur interessante Kellerführungen, Verkostungen und Ab-Hof-Verkauf angeboten, sondern auch gleichermaßen informative wie unterhaltsame Wanderungen auf dem 1,6 Kilometer langen Weinlehrpfad (www.silberberg.at).

Der Weinbauschule zu Füßen liegt der Sulmsee mit Blick auf Schloss Seggau und das umliegende Hügelland. Hier lässt es sich bei karibischen Wassertemperaturen baden, auf der Seeterrasse essen und trinken oder auch am Campingplatz die Zelte aufschlagen (www.sulmsee.at). Wir ziehen zum Übernachten das liebevoll geführte und ruhig gelegene Hotel Weinland in Leibnitz vor, das mit Weinzimmern, Feng-Shui-Garten und Swimmingpool aufwartet. Womit wir wieder bei Thomas Muster wären, der hier dereinst seine Hochzeit feierte (www.hotelweinland.at).

Kostbare Momente: Im Fachwerkhaus des Restaurant Murnockerl lässt sich Bodenständiges und Feines bei Kaminfeuer und Kerzenlicht besonders stimmungsvoll genießen.

GEMEINDE SEGGAUBERG /// SEGGAUBERG 14 /// 8430 SEGGAUBERG ///
(00 43) 0 34 52 / 8 20 15 /// WWW.SEGGAUBERG.COM ///

VON KELTENKULT UND KULTIGEN HÜHNERN

Frauenberg – Seggauberg

15

Auf dem Höhenrücken westlich der Weinstadt Leibnitz erstreckt sich die Gemeinde Seggauberg, die nicht nur mit landschaftlicher Schönheit, sondern auch mit keltischer, römischer und christlicher Kultur punktet. Wer einmal am Frauenberg und im Tempelmuseum war, versteht, warum dieser Ort schon vor sechseinhalb Jahrtausenden das Zeug zum Lieblingsplatz hatte. Funde belegen, dass es sich um einen der ältesten durchgängig besiedelten Flecken der Steiermark handelt. Die heilige Ruhe und der Blick in alle Himmelsrichtungen, den wir hier genießen, waren wohl auch der Grund, weshalb die Kelten hier vor etwa 3000 Jahren ihren Tempel errichteten, den ältesten bisher bekannten in der römischen Provinz Noricum. Im ersten Jahrhundert nach Christus bauten dann die Römer einen Steintempel zu Ehren der Göttin Isis Norea, der Kultstätte für die Bewohner der nahe gelegenen Stadt Flavia Solva bleiben sollte (heutiges Römermuseum: www.museum-joanneum.at/flavia_solva), ehe er nach der Völkerwanderung verfiel. Seine Fundamente wurden erst 1951 wiederentdeckt. 150 Meter entfernt war längst eine Wallfahrtskirche entstanden. Die Marienkirche (1170 erstmals urkundlich erwähnt) beeindruckt vor allem mit ihrer Illusionsmalerei auf den flachen Deckenkuppeln, die dem Betrachter Tiefe vortäuschen.

Blickt man vom Frauenberg gen Südosten, erhebt sich auf Augenhöhe Schloss Seggau über dem Naturpark Südsteirisches Weinland. Der frühere Sommersitz der Bischöfe der Diözese Graz-Seckau ist heute ein Kongresszentrum mit Hotel samt Schlosscafé und Aussichtsterrasse. Sehenswert sind vor allem die prachtvollen Fürstenzimmer, das Lapidarium mit den Römersteinen aus Flavia Solva, der über 300 Jahre alte bischöfliche Weinkeller und die größte historische Glocke der Steiermark, die Seggauer Liesl, die sonntags Punkt zwölf von vier kräftigen Männern händisch geläutet wird.

Unbedingt probieren: Sulmtaler Hendl. Wegen seines zarten Fleisches und des kräftigen Geschmacks waren die frohwüchsigen Freilandhühner schon am Wiener Kaiserhof äußerst beliebt.

ZIMMER MIT AUSSICHT IM GRÜNEN: DIE TERRASSE BEIM TSCHEPPE.

GASTHAUS TSCHEPPE /// WEINSTRASSE 18 ///
8461 SULZTAL AN DER WEINSTRASSE /// (00 43) 0 34 53 / 75 75 -0 ///
WWW.GASTHAUS-TSCHEPPE.AT ///

TOURISMUSVERBAND GAMLITZ – DIE SÜDSTEIRISCHE WEINSTRASSE ///
MARKTPLATZ 41 /// 8462 GAMLITZ /// (00 43) 0 34 53 / 39 22 ///
WWW.GAMLITZ.AT ///

AB IN DEN SÜDEN

Gamlitz – Südsteirische Weinstraße

16

Die landschaftlichen und kulinarischen Reize der Südsteiermark haben sich längst bis in prominente Kreise herumgesprochen. Und so setzt alle Jahre wieder im Herbst der Sturm auf den Sturm (in Deutschland als Federweißer bekannt) und den Wein ein, der seinen Höhepunkt im Gamlitzer Erntedankfest findet. Wem Staus, Menschenansammlungen und Sehen-und-Gesehen-Werden nicht so sehr liegen, der sollte die Südsteirische Weinstraße lieber im Frühjahr oder Sommer bereisen, wenn es auf den sanften Weinhügeln mit den traditionellen, aber auch ultramodernen Winzerhäusern, in den Buschenschänken und Gasthöfen um einiges beschaulicher zugeht. Etwas Besonderes ist die ursprüngliche Winzerstraße nicht nur wegen der reizvollen Ausblicke, der Spitzentropfen und der hervorragenden Küche, die Sie hier an allen Ecken und Enden finden, sondern weil sie zwischen Ehrenhausen und Ratsch zur einen Hälfte in Slowenien, zur anderen in Österreich liegt – das war erstaunlicherweise schon zu Zeiten des Eisernen Vorhangs so. Während der Fahrer auf slowenischer Seite sitzt, befindet sich der Beifahrer zeitgleich in Österreich, was Aufmerksame auch an den Kennzeichen der Autos in den Hauseinfahrten erkennen. Ihren Pass können Sie dennoch (und konnten Sie schon damals) getrost zu Hause lassen und diese einzigartige Region entspannt genießen. Wer braucht da noch die Toskana oder auch nur den schnöden Vergleich mit ihr?

Alle unsere Lieblingsplätze, die vielen großartigen Winzer sowie Kirchen, Schlösser und Museen zu nennen, würde den Rahmen sprengen, deshalb beschränken wir uns auf unsere persönliche Neuentdeckung: das Weingut Jöbstl (mit Verkostungspavillon im Weingarten, Sernau 10), dessen Weißer Burgunder Selektion Sernauberg es uns mit seiner fruchtigen Frische besonders angetan hat. Weiter südlich überzeugt das Gasthaus Tscheppe unter neuer, engagierter Führung.

Freude an der Bewegung neu entdecken: Der Motorikpark Gamlitz mit 30 Stationen und 100 Übungselementen steht ganzjährig kostenfrei offen. www.motorikpark.com

GEKRÖNTE WEINHÄUPTER IM WEINMUSEUM KITZECK.

TOURISMUSVERBAND SULMTAL-SAUSAL – SÜDSTEIRISCHES WEINLAND /// STEINRIEGEL 15 /// 8442 KITZECK /// (00 43) 0 34 56 / 35 00 /// WWW.SULMTAL-SAUSAL.AT ///

BERAUSCHENDE SCHÖNHEIT

Demmerkogel – Kitzeck im Sausal

17

Eine Wanderung durch die Riede des Sausal ist in doppeltem Sinne atemberaubend. Einmal weil die steilen Hänge des Weinanbaugebiets Kondition fordern, zum anderen wegen der besonderen Schönheit dieser Hügellandschaft, die sich zwischen den Flüssen Sulm und Laßnitz erhebt. Höchster Punkt ist der Demmerkogel (671 Meter) mit seiner Aussichtswarte und der Schmetterlingswiese – blühende Heimat für über 50 Tagfalterarten.

An der Westseite des Demmerkogel stehen wir vor dem größten Klapotetz der Welt, der stolze 16 Meter in die Höhe ragt. Das fürs Steirische Weinland typische Windrad, das mit seinen Geklapper Vögel aus den Weingärten vertreiben soll, wiegt sechs Tonnen und beschreibt mit seinen zwölf (statt üblicherweise acht) Flügeln einen Kreis von 13 Metern Durchmesser. Alljährlich um Jakobi im Juli, wenn die hölzernen Wahrzeichen weinlandesweit erstmals in Betrieb gehen, finden sich hier Einheimische und Gäste zum Feiern und Gospelsingen ein. Weitere Feste, die man im Sausal feiert, wie sie fallen, gibt es zuhauf (www.kitzeck-sausal.at). Noch häufiger findet man hier die Buschenschänken, die mit eigenen Weinen und g'schmackigen Brettljausn die Gaumen ihrer Gäste verwöhnen. Einen Überblick verschafft man sich am besten im Tourismusbüro (Adresse links) in Kitzeck, dem höchsten Weinbauort Europas. Bei dieser Gelegenheit lohnt sich auch ein Besuch im ersten Steirischen Weinmuseum direkt nebenan. In dem urigen Winzerhaus aus dem 17. Jahrhundert sind allerlei sehenswerte Exponate regionaler Kultur zur Schau gestellt: von Weinbaugeräten und bäuerlichem Hausrat über Rauchkuchl bis Bauernstube mit Herrgottswinkel.

Uns zieht es weiter ins nahe St. Nikolai, wo lokale Bierspezialitäten wie Kürbisbier gebraut werden (Michael Löscher, Flamberg 101). Am Ende des Tages gibt's steirischen Whisky in der Destillerie Weutz, St. Nikolai (www.weutz.at).

Bodenständig und haubenverdächtig wird im Panoramahotel Restaurant Steirerland von Ruth und Maria Stelzer in Höch am Demmerkogel aufgekocht. www.steirerland.co.at

MARKTGEMEINSCHAFT STEIRISCHER WEIN /// HAMERLINGGASSE 3 ///
8010 GRAZ /// (00 43) 03 16 / 80 50 14 35 ///
WWW.STEIRISCHERWEIN.AT ///

ALLE WEGE FÜHREN ZUM WEIN

Schilcher Weinstraße

3/11

Der Südosten Österreichs ist seit über zwei Jahrtausenden vom Weinbau geprägt. Gegen Norden und Westen hin ist das Steirische Weinland durch 2.000 Meter hohe Gebirgsketten geschützt, im Süden grenzt es an Slowenien. Entlang der acht steirischen Weinstraßen haben sich über 2.000 Weinbauern angesiedelt, die je nach Boden- und Klimaverhältnissen regionstypische Weinsorten anbauen. Da findet sich für jeden Geschmack das richtige Tröpferl, das man am besten in einem der zahlreichen Buschenschänken genießt. (Ja, es heißt der Buschenschank!) Die Winzer schenken dort ihre Weine aus und kredenzen deftige Brettljausn sowie andere hausgemachte Schmankerl.

Einzigartig ist der Schilcher, der aus Blauen Wildbacher-Trauben gekeltert wird, die auf den oftmals steilen Hängen des weststeirischen Schilcherlandes rund um Deutschlandsberg wachsen. Von Ligist im Norden führt die Schilcher Weinstraße über Stainz bis Eibiswald im Süden und trifft sich abschnittsweise mit der Ölspur (siehe Seite 61). War der in hellen Rottönen schillernde ›Schülcha‹, wie ihn der Volksmund nennt, früher eine saure Angelegenheit, so werden heute feinsäuerlich-fruchtige Spitzenweine in verschiedenen Spielarten angeboten – vom Sturm bis zum Sekt nach Champagnermethode.

Weitere teils prämierte Weine von Welschriesling, Weißburgunder, Sauvignon Blanc, Morillon, Gelber Muskateller, Ruländer, Traminer, Blauer Zweigelt und Blauburger gedeihen ebenso prachtvoll in der lieblich-hügeligen Landschaft der Steirischen Weinstraßen, die vielerorts der Klapotetz ziert. Von Jakobi am 25. Juli bis Martini am 11. November vertreiben die Klappergeräusche der hölzernen Windräder die Vögel aus den Weingärten, keineswegs aber die Touristen, die sich vor allem im Herbst hier in Scharen tummeln, um ›Sturm und Käst'n‹ – neuen Wein mit über offenem Feuer gerösteten Edelkastanien – und mehr zu genießen.

☞ Außer der Schilcher Weinstraße laden die Oststeirische Römer-, Thermenland-, Sausaler-, Klöcher-, Klapotetz-, Südoststeirische Hügelland- und Südsteirische Weinstraße zum Genießen ein.

TOURISMUSVERBAND SCHILCHERLAND DEUTSCHLANDSBERG ///
HAUPTPLATZ 34 /// 8530 DEUTSCHLANDSBERG ///
(00 43) 0 34 62 / 75 20 ///
WWW.SCHILCHERLAND-DEUTSCHLANDSBERG.AT ///

Deutschlandsberg

18

Vorab: Der Name der Bezirksstadt hat nichts mit unseren Lieblingsnachbarn zu tun. Er stammt von der Familie Lonsperch ab, die die mittelalterliche Burg noch vor den Salzburger Erzbischöfen bewohnte. Erst im 19. Jahrhundert wurde er mit dem Zusatz ›Deutsch‹ versehen, um nicht mit dem untersteirischen Windischlandsberg im heutigen Slowenien verwechselt zu werden. Womit wir bereits beim Wahrzeichen der Stadt wären. Von einem Felsen aus wacht die Burg Deutschlandsberg über das Herz der Schilcherheimat. Selbst an den Abhängen des Burgberges wachsen die Trauben des Blauen Wildbacher (benannt nach einem Stadtteil), aus denen der Schilcher gekeltert wird, weshalb er Schilcherberg genannt wird. Rund um Jakobi am 25. Juli steht ebenjener ein Wochenende lang in Flammen, wenn Scheiterhaufen, Feuerwerke und Lichteffekte zu Ehren des heiligen Jakobus und des Schilchers entzündet werden (Schilcherberg in Flammen: www.schilcherberg.at). In die Burg locken das Burgmuseum Archeo Norico, unter anderem mit sehenswerter Keltenausstellung und schaurigem Verlies mit Folterkammer, und das Hotel mit Haubenrestaurant (www.burg-deutschlandsberg.at).

Genießen ist hier allerorts zentrales Thema, wobei das Preis-Genussverhältnis im Schilcherland verblüfft. Qualität wird hier meist (noch) überraschend günstig angeboten. Durch das vielfältige Angebot der steirischen Winzer kostet man sich am besten im ›Wein und Käs‹ am lang gezogenen Hauptplatz, gleich gegenüber dem Rathaus, unmittelbar neben dem Tourismusbüro. Wohl bekomm's!

Auch was die Kultur betrifft, hat Deutschlandsberg einiges zu bieten, besonders im Bereich Musikfestivals und Jugendförderung. Dem hiesigen Kulturkreis ist es zu verdanken, dass so mancher Stern aufgegangen ist, die meisten davon am Klavierhimmel. Die Schauspielkunst hat im Theaterzentrum ein Zuhause gefunden.

Ein besonderer Platz ist das Wolfgangikircherl mit Blick bis zur Koralpe. Den Schlüssel zur Wallfahrtskirche gibt's beim Gasthaus Gregorhansl. www.alpengasthaus.com

IM FLASCHERLZUG NACH STAINZ.

TOURISMUSVERBAND STAINZ-REINISCHKOGEL /// RATHAUSPLATZ 4 /// 8510 STAINZ /// (00 43) 0 34 63 / 45 18 /// WWW.SCHILCHERLAND.COM ///

FLASCHERLN, FLASCHEN UND TRAKTOREN

Stainz

19

Schon von weitem leuchtet uns Schloss Stainz mit seinen beiden barocken Kirchtürmen entgegen. Der majestätische Blickfang inmitten des hügelig-lieblichen Schilcherlandes zog keinen geringeren als Erzherzog Johann an, der das ehemalige Augustiner-Chorherrenstift 1840 zu seinem Wohnsitz erkor. Zehn Jahre später wurde der beliebte Kaiserbruder sogar zum ersten Bürgermeister der Marktgemeinde gewählt. Dass er sich unter anderem für die Verbreitung der Schilcherrebe einsetzte, ist nur ein winziger Aspekt seines umfassenden Wirkens im damaligen Kronland Steiermark. Für die Region war es jedoch ein nachhaltiger. Der Schilcher, ein roséfarbener bis hellroter Wein, der aus der Blauen Wildbacher-Traube gekeltert wird, wurde zum wichtigen Wirtschaftsgut im Schilcherland, ganz im Sinne des Steirischen Prinzen. Schloss Stainz befindet sich heute noch im Besitz seiner Nachfahren, der Familie Meran, und steht Besuchern daher nur eingeschränkt offen. Nur das Jagdmuseum des Universalmuseums Joanneum (www.museum-joanneum.at) im Westflügel ist zu besichtigen, ebenso die prunkvolle Kirche, die der Heiligen Katharina geweiht ist.

Profaner ging es ab 1892 im Flascherlzug zu. Ihren Namen verdankt die dampfbetriebene Schmalspurbahn dem ›Höllerhansl‹ aus dem nahen Rachling. Seine Diagnosen stellte der Wunderdoktor nämlich aus dem Urin der Patienten, die mit den entsprechenden Flaschen im Zug angereist waren. Heute sind nur noch Schilcherflaschen an Bord, die auf der gemütlichen Fahrt von Stainz nach Preding und zurück geleert werden können (www.flascherlzug.at).

Wer automobile Oldtimer bevorzugt, kann 250 Raritäten im Museum bewundern: www.automobilmuseum-stainz.at. Noch urigere alte Gefährte gibt es im Traktormuseum zu bestaunen. Einige davon können sogar mit gültigem PKW-Führerschein für Ausflüge in die Umgebung angemietet werden. Ren(n)t a Traktor: www.traktormuseum.at.

Im Rauch-Hof hat man sich nicht nur der Kulinarik verschrieben. Immer wieder finden hier Lesungen des steirischen Kultautors Reinhard P. Gruber statt. www.rauch-hof.at

STEIRISCHE ÖLSPUR /// GEMEINDE RASSACH /// 8522 LASSELSDORF ///
(00 43) 0 34 65 / 70 38 /// WWW.OELSPUR.AT ///

KÜRBIS AUF SCHRITT UND TRITT

Steirische Ölspur

4/11

Vom weststeirischen Stainz Richtung Süden bis Eibiswald führt die Steirische Ölspur durch das Anbaugebiet des Plutzers, wie der Kürbis auf Steirisch heißt. Bauern, Ölmühlen und Wirte haben sich zusammengeschlossen, um das steirische Kürbiskernöl als tief verwurzeltes Kulturgut der Region in seiner reinen Qualität zu erhalten und gemeinsam zu vermarkten. Ob man die Ölspur vom (mit weißen Kürbissen markierten) Radweg aus, zu Fuß auf einem der Wanderwege oder mit dem Auto erkundet, die orange-grüne Frucht ist allgegenwärtig: auf den weitläufigen Feldern, in den beschaulichen Dörfern, Märkten und Gemeinden, in denen Bauern ihre Kürbisprodukte direkt verkaufen, und bei den Wirten. Vor allem während der ›Kürbinarischen Wochen‹, die Ende Juli, Anfang August beginnen, zaubern die kreativen Köche der Region allerlei Köstlichkeiten aus den heimischen Früchten. Dass sie dazu Kürbiskernöl servieren, versteht sich von selbst.

Wer auf den Kernölgeschmack gekommen ist, sollte unbedingt eine der Ölmühlen besuchen, in denen das ›Grüne Gold‹ gewonnen wird. Zweieinhalb Kilo Kürbiskerne braucht es, um einen Liter des Öls mit dem nussigen Aroma zu gewinnen, das den Aufstieg vom Arme-Leute-Öl zum Top-Produkt der Feinschmecker und Spitzengastronomen längst vollzogen hat. Das Geheimnis der besonderen Qualität liegt in den Kernen des steirischen Ölkürbisses, denen die harte Samenschale fehlt, und in den schonenden Röst- und Pressverfahren.

In der Ölmühle Herbersdorf können Besucher nach Anmeldung bei der Produktion zusehen und verkosten, ebenso bei den Gault-Millau-prämierten Familienbetrieben Hamlitsch und Leopold, sowie bei Lorenz und Hartlieb. Letzterer beherbergt auch ein Museum, das die über 100-jährige Geschichte des Betriebs in Heimschuh präsentiert. Alle bieten ihre Kürbisprodukte und andere regionale Schmankerln zum Verkauf an.

Vor Ort genießen und mit nach Hause nehmen: Kürbiskernöl enthält kein Cholesterin, dafür mehr gesättigte Fettsäuren als Olivenöl.

SAUWOHLFÜHLEN KANN MAN SICH BEIM JAGAWIRT.
TOURISMUSVERBAND LIGIST /// LIGIST 22 /// 8563 LIGIST ///
(00 43) 0 31 43 / 2 22 90 /// WWW.LIGIST.INFO ///

BANDLTANZ, GSTANZLN UND QUETSCHN

Reinischkogel – Ligist

20

Der Ursprung aller Rossbacher'schen Steiermark-Krimis ist am Reinischkogel zu finden, wohin man die damals siebenjährige Claudia ins Ferienlager geschickt hat. Hier hat das Mädel aus Wien zum ersten Mal Schwarzbeeren und Eierschwammerln gebrockt, den ersten Bandltanz getanzt und Stanzln zur Quetschn geträllert. Vor allem aber hat die zukünftige Krimiautorin ihre große Liebe zum Wald entdeckt, zu Land und zu Leuten, was sie fast 20 Jahre später in die Arme des gebürtigen Steirers Hannes treiben sollte. Dass im nahen Ligist auch die Schilcher Weinstraße beginnt, wurde irgendwann dazwischen relevant.

Auch heute noch lässt es sich hier über saftige Wiesen, vorbei an Kürbis- und Kukuruzfeldern durch Obst- und Weingärten und duftende Wälder wandern. Die meisten der gut gekennzeichneten Routen nehmen ihren Anfang am Hauptplatz von Ligist, einer beschaulichen Marktgemeinde mit Burgruine aus dem Mittelalter und Schloss aus dem 19. Jahrhundert, in dem das Heimatmuseum untergebracht ist (Besuch nach Anmeldung unter 0 31 43 / 2 22 90). Im Schlosskeller finden regelmäßig Konzerte statt, jeden Sonntag ›Fish & Gigs‹ – Musik zu Fisch und Meeresfrüchten (www.schlosskeller-ligist.at). Unterwegs stehen Gasthäuser und Buschenschänken offen – nicht umsonst sind drei der Wanderwege als Schmankerlwege bezeichnet. Radfahrer sind herzlich zum Genussradeln eingeladen (www.genussradeln.at).

Köstliches aus eigener Landwirtschaft genießt man auch beim Jagawirt am Reinischkogel, wo (zum Teil vom Aussterben bedrohte) Schweinerassen und Schafe artgerecht gehalten werden. Vegetarisch und ohne künstlichen Dünger geht es auf den Hügelbeeten zu, wo Kräuter und Gemüse nach dem Prinzip der Permakultur angebaut werden. In der Brennerei entstehen edle Destillate, die eine Übernachtung in einem der gemütlichen Zimmer nahelegen (www.jagawirt.at).

Sport und Action gibt's im Naturhotel Enzianhof auf neun Tennisplätzen, der eigenen Golf Driving Range und dem Hochseilparcours. www.enzianhof.at

SPANISCHE HOFREITSCHULE – BUNDESGESTÜT PIBER /// PIBER 1 ///
8580 KÖFLACH /// (00 43) 0 31 44 / 33 23 /// WWW.PIBER.COM ///

DAS GLÜCK DIESER ERDE

Bundesgestüt und Schloss Piber

21

Schon als Kinder besuchten wir – damals noch unabhängig voneinander – die weststeirische Heimat der Lipizzaner im Bundesgestüt Piber, rund ums gleichnamige barocke Schloss. Seit 1920 werden die edlen Rassepferde, die ursprünglich aus dem slowenischen Lipica stammen, hier gezüchtet. Die ersten drei Lebensjahre verbringen sie im Gestüt und auf den nahen Almen. Ein halbes Jahr später werden die besten Hengste für die Spanische Hofreitschule in Wien ausgewählt.

Ein Besuch lohnt sich nicht nur für Pferdeliebhaber oder für Fans der Fernsehserie ›Das Glück dieser Erde‹, in der Piber im Mittelpunkt steht. Geführte Rundgänge gewähren lebendige Einblicke in den Gestütsalltag der Tiere, von denen einige später zum Weltruhm der Spanischen Hofreitschule in Wien beitragen werden. Noch fehlt den jungen Pferden die typische weiße Rassefarbe, die bei der Geburt meist schwarz ist. Erst im Alter von sechs bis neun Jahren werden sie sichtbar zum Schimmel.

Nirgendwo lässt sich die Geschichte der Lipizzaner spannender erfahren als hier. Der Kutschensimulator lädt ein, sich als Gespannfahrer zu versuchen. In der Schauschmiede können Sie dem Hufschmied bei der Arbeit über die Schulter blicken, in der historischen Reithalle die tägliche Arbeit der Reit- und Fahrabteilung beobachten. Kindererlebnisweg, Kino und ein Kaffeehaus runden das Angebot ab.

Ein besonderes Erlebnis ist der Besuch der Lipizzanerweiden auf der 1.500 Meter hoch gelegenen Stubalm, wo die Junghengste die ersten drei Sommer verbringen. Auf teils steilen und steinigen Berghängen trainieren sie ihre Sehnen und Gelenke, um die notwendige Trittsicherheit für spätere Kapriolen, Courbetten, Pirouetten und Passagen zu erlangen. Im September können Sie sie beim traditionellen Lipizzaneralmabtrieb begleiten, mit Pferdesegnung in Maria Lankowitz und Festprogramm in Köflach.

In der Pfarrkirche St. Andreas – ebenfalls Teil des Schlossgebäudeensembles – findet seit einigen Jahren die renommierte Kirchenkonzertreihe ›Musica Sacra Piber‹ statt.

STÖLZLE GLAS-CENTER – GLASMUSEUM BÄRNBACH ///
HOCHTREGISTERSTRASSE 1 /// 8572 BÄRNBACH ///
(00 43) 0 31 42 / 6 29 50 /// WWW.GLASMUSEUM.AT ///

TOURISMUSVERBAND LIPIZZANERHEIMAT /// AN DER QUELLE 3 ///
8580 KÖFLACH /// (00 43) 0 31 44 / 72 77 70 ///
WWW.LIPIZZANERHEIMAT.COM ///

BRAUNES GOLD UND (GLÄSERNE) KUNST

Bärnbach

22

Über 200 Jahre Braunkohleabbau haben die Region zwischen der Bezirksstadt Voitsberg, Bärnbach und Köflach geprägt. Was die Bevölkerung einst ernährte, hat tiefe Wunden in die Landschaft geschlagen. Seit 2004 ist Schluss mit der Kohle. Seither schreiten Rekultivierung und Aufforstung voran und lassen die Narben nach und nach verschwinden. Der Geschichte des Kohlebergbaus widmet sich der Montanhistorische Wanderweg ›Braunes Gold‹, der Bergleuten und Kohlegewinnung ein begehbares Denkmal setzt. Der Weg führt durch die Randgebiete des ehemaligen Tagbaugeländes Oberdorf, vorbei an gewaltigen Schaufelradbaggern, einer Dampflok und anderen Bergbaumaschinen. Unterwegs begegnen Sie auch dem zweiten Industriezweig, der in Bärnbach nach wie vor gedeiht: der Glasproduktion. Mit einer zehn Meter hohen freistehenden Glasfassadenwand demonstriert das Stölzle Glas-Center schon von außen eindrucksvoll, worum sich innen alles dreht. Im Glasmuseum wird die Geschichte der steirischen Glaserzeugung beleuchtet, Raritäten, Gebrauchsglas und Glaskunst gezeigt. Im Glasverkauf wird Schönes und immer wieder Neues aus Glas angeboten. Besonders empfehlenswert ist eine Führung in der Glashütte, wo Sie den Glasmachern bei ihrem schweißtreibenden Handwerk zusehen können.

Doch damit nicht genug der Kunst. Da wäre noch die von Friedensreich Hundertwasser umgestaltete St.-Barbara-Kirche samt Prozessionsweg mit zwölf Toren, die wie alle seine Werke durch die Vermeidung gerader Linien auffällt. Und der Mosesbrunnen im Bärnbacher Stadtpark, den Professor Ernst Fuchs erschuf. Mit dem Phantastischen Realismus der Wiener Schule hatte Robert Zeppel-Sperl nichts am Hut. Seine von naiver Malerei und Pop-Art inspirierte Kunst ziert die Fassade der Hauptschule. Die sechs Kilometer entfernte Tregister Dorfkappelle schmückt das Werk des einheimischen Professors Franz Weiß.

Der Heilige Berg ruft zum barocken Kirchlein und zum seit 1976 bestehenden Kloster Heilig-Kreuz-Karmel. Herrliche Wanderung mit Aussicht auf Bärnbach!

REGION MURTAL

BRONZESKULPTUR MURNA – SINNBILD DES ELEMENTES WASSER.

TOURISMUSVERBAND MURAU-KREISCHBERG ///
LIECHTENSTEINSTRASSE 3 – 5 /// 8850 MURAU ///
(00 43) 0 35 32 / 27 20 /// WWW.MURAU-KREISCHBERG.AT ///

VIELSEITIGES STÄDTCHEN AN DER MUR

Altstadt Murau

23

Murau präsentiert sich oberflächlich betrachtet meist etwas verschlafen, leben doch kaum mehr als 2.300 Menschen in dem schmucken mittelalterlichen Städtchen, das von der Mur und Schloss Murau geprägt ist. Das Schloss wurde dereinst von den Liechtenstein'schen Gründungsvätern errichtet. Die Schwarzenbergs, in deren Besitz es sich noch heute befindet, haben es später im Renaissancestil erweitert. Der Besitzerwechsel geht auf eine außergewöhnliche Frau zurück: Anna Neumann. Die protestantische Kaufmannstochter überlebte fünf Ehemänner, darunter Christoph von Liechtenstein, dessen reiches Erbe sie antrat. Mit 82 heiratete sie zum letzten Mal den um 51 Jahre jüngeren Georg Ludwig zu Schwarzenberg und überschrieb ihm ihre Besitzungen. Zu Lebzeiten war sie als Wohltäterin beliebt und führte für die Bürger ein Sparkassensystem ein. Manch einer hielt sie jedoch für eine Hexe. So fehlte nicht viel und Anna Neumann wäre auf dem Scheiterhaufen gelandet.

Doch zurück ins moderne Murau, das weit mehr als zahlreiche Denkmäler und Museen zu bieten hat. Eines davon ist im uralten Gewölbekeller der hiesigen Brauerei untergebracht, in der das beliebte Murauer Bier gebraut wird. Ein Besuch des Braumuseums lohnt sich (Raffaltplatz 19–23).

Murau ist auch das Zentrum der Holzwelt Murau (www.holzweltmurau.at), die sich nicht nur architektonisch dem Rohstoff Nummer eins der waldreichen Region verschrieben hat (siehe nächste Seite).

Dass sich die Stadt nicht immer verschlafen zeigt, wie eingangs erwähnt, erleben wir an diesem Augustsamstag. Mit Müh und Not schaffen wir es, uns zur Murpromenade durchzukämpfen, um die vielen mutigen Leute zu bestaunen, die von der 14 Meter hohen Postbrücke in die Fluten der eiskalten Mur springen oder sich wilde Rafting-Rennen liefern. ›Murcapulco‹ nennt sich der alljährliche Spaß mit Volksfestcharakter. Wir kommen gern wieder.

Mit Schlosskonzerten, Lesungen und Festivals wie den Shakespeare-Tagen (www.shakespeare-in-styria.org) setzt Murau kräftige kulturelle Zeichen.

KLUPPENTIER IN TEUFENBACH.

STOLZ AUF STEIRISCHES HOLZ

Holzwelt Murau

5/11

Mit einem Waldanteil von über 60 Prozent an der Landesfläche ist die Steiermark das waldreichste Bundesland Österreichs. Durch nachhaltige Bewirtschaftung nimmt die Fläche jährlich um etwa 1.000 Hektar zu. Im selben Zeitraum erwirtschaften steirische Land- und Forstbetriebe einen Produktionswert von fünf Milliarden Euro und sichern rund 55.000 Arbeitsplätze. So viel zu den Fakten der Landwirtschaftskammer Steiermark (2011).

Nun zu den emotionalen Faktoren: Wir beide lieben den Wald, die Ruhe, die frische Luft, den würzigen Duft. Wir lauschen dem Gesang der Vögel, dem Surren der Schwebfliegen. Wir nehmen die Geschenke des Waldes dankbar an, ob Beeren, Schwammerln oder kühles Quellwasser. Wir freuen uns über die Begegnung mit Waldtieren, die mächtigen Bäume, das weiche Moos, die zauberhaften Lichtstimmungen im Wechsel der Jahreszeiten. Der Wald entspannt uns nicht nur, er schärft auch unsere Sinne. Und er inspiriert uns zu manch kreativem Werk.

Welche bedeutende Rolle dem Wald und seinem wertvollen Rohstoff Holz besonders in waldreichen Regionen zukommt, veranschaulicht die Holzwelt Murau. Zentrum ist das Holzmuseum in St. Ruprecht (www.holzmuseum.at). Mehr als 90 weitere Objekte zu sieben Schwerpunktthemen laden, je nach Interesse, zu Holzweltreisen ein. Am besten starten Sie an einem der repräsentativen Plätze, die mit Landschaftsfenstern (übermannshohe Rahmen aus Holz) gekennzeichnet sind. Zu diesen Objekten zählen die Holzeuropabrücke in St. Georgen, die Naturwärme St. Lambrecht, die Bauernmühle in Mühlen, das Raddörfl mit Pavillon in Teufenbach, die KLH in Katsch, der Eselsberger Almerlebnisweg in Oberwölz und die Pfarrkirche St. Oswald in Krakaudorf. Auf den beliebten Holzstadtspaziergängen in Murau treffen Sie auf Holzarchitektur von historisch bis modern.

Für blinde Besucher gibt es an der Murpromenade in Murau detailgetreue Holzmodelle der bedeutendsten Bauten der Stadt. Ein Relief sorgt dafür, dass auch Standorte und Umgebung ertastet werden können.

Corona
Extra
Atomic
Atomic
TOURISMUSVERBAND KREISCHBERG-MURAU /// ST. LORENZEN 5 ///
8861 ST. GEORGEN OB MURAU /// (00 43) 0 35 37 / 36 00 ///
WWW.KREISCHBERG.AT ///

HALFPIPE UND EIERSCHWAMMERL

Kreischberg

24

Dass über 80 Skigebiete in der Steiermark liegen (nur Tirol bietet eine höhere Anzahl), ist den wenigsten bewusst. Die meisten kennen nur das steirische Wintersportzentrum Schladming mit seiner 4-Berge-Skischaukel (siehe Seite 93). Auch wir wurden bei unseren Rechercherei-sen immer wieder von Wegweisern überrascht, die zu Skilifts führen, in Gebiete, die überschaubarer sind und sich teilweise in Regionen verstecken, die für andere Themen bekannter sind. Vom Rosegger-geprägten Alpl, über Mönichwald an der Blumenstraße bis zur Weinebene im steirisch-kärnterischen Grenzgebiet (www.derskiguide.at). Wer beim Wintersport auf Menschenmassen gut und gern verzichten kann, dafür ein familiäres, uriges Ambiente schätzt, wird sich hier bestimmt pudelwohl fühlen.

Vom Insidertipp zum Mekka der Snowboarder hat sich der Kreischberg spätestens nach der Snowboard-WM 2003 gemausert. Die Tubing Arena punktet mit der größten Halfpipe Europas. Der Airypark – Funpark für Ski und Board – spielt mit Rails, Obstacles und Jumps alle Stückln. 2009 fand hier die FIS-Telemark-WM statt, 2015 wird die Doppel-WM Ski-Freestyle & Snowboard ausgetragen. Doch auch ohne waghalsige Sprünge und akrobatische Höchstleistungen kommen Wintersportler in dem bis 2.118 Meter hoch gelegenen Gebiet auf ihre Rechnung: 14 Lifte, 42 Pistenkilometer in unterschiedlichen Schwierigkeitsgraden, eine 2,5 Kilometer Langlauf-Höhenloipe, die Kreischberg-Rodelbahn und mehrere Hütten sorgen für pures Vergnügen im Schnee.

Im Sommer präsentiert sich der Kreischberg als Wander- und Golfparadies (www.golf-murau-kreischberg.at) und Geheimtipp für Schwammerlsucher, wobei man nicht lange suchen muss. Nirgendwo sonst leuchteten uns je so viele Eierschwammerl entgegen wie im Wald oberhalb der Seilbahn-Mittelstation. Aber Achtung: Pro Person und Tag maximal zwei Kilo mitnehmen!

Sündhaft gut: Die flaumigsten Bauernkrapfen, auch steirische Strauben genannt, haben wir am ›Grillboden‹ bei der Seilbahn-Mittelstation genossen.

TOURISMUSVERBAND KRAKAUTAL /// 8854 KRAKAUHINTERMÜHLEN ///
(00 43) 0 35 35 / 86 06 /// WWW.KRAKAUTAL.AT ///

DEM HIMMEL SO NAH

Steirische Krakau

25

Die Suche nach ländlicher Abgeschiedenheit führte uns in dieses Hochtal an der Südseite der Niederen Tauern. Was auf Anhieb der perfekte Schauplatz für den Alpen-Krimi ›Steirerblut‹ war, wurde bald zu einem Lieblingsplatz, der nicht nur mit landschaftlicher Schönheit und intakter Natur betört, sondern auch mit Herzlichkeit, gelebtem Brauchtum und kulinarischen Genüssen.

Die Menschen, die auf diesem Hochplateau (1.100 bis 1.400 Meter) leben, sind besonders. Bodenständig, aber kreativ. Heimatverbunden, aber aufgeschlossen. Gesellig, aber tiefgründig. Mag sein, dass das an der reinen Höhenluft in diesem Luftkurgebiet liegt. Vielleicht ist es auch die Sonne, die heroben scheint, während sich weiter unten hartnäckiger Nebel hält. Sicher ist es die Abgeschiedenheit, die die Leute aneinander bindet. Auch wenn viele zur Arbeit pendeln, bleiben die meisten in ihrer Heimat wohnen. Wer einmal hier war, versteht warum.

Auf echte Volksmusik trifft man hier vermutlich so oft wie nirgendwo anders. Etwa beim Schallerwirt (Krakauebene 55), der hervorragende Gerichte aus frischen, heimischen Produkten serviert. Wirtin und Wirt greifen oft zu ihren Instrumenten, um gekonnt aufzuspielen und mit den Gästen zu musizieren.

Zu Fronleichnam und Oswaldi (erster Sonntag im August) tanzt in Krakaudorf der Samson. Dabei trägt ein Mann die etwa acht Meter hohe, 70 Kilogramm schwere Figur auf seinen Schultern durch den Ort, begleitet von den Prangschützen in ihren traditionellen Grenadieruniformen. Bei den Faschingsrennen am Rosenmontag werden seit Jahrhunderten unter Jauchzen und Getöse die Dämonen des Winters vertrieben. Das Wasserscheibenschießen hat am nahen Schattensee Tradition. Von einem Ufer wird auf das Spiegelbild der Zielscheibe im Wasser geschossen. Die Kugel prallt von der Wasseroberfläche ab und soll die Scheibe am anderen Ufer treffen.

Die ›Grogga‹ (Krakau) lässt sich auch per E-Bike erkunden. Zu mieten etwa beim empfehlenswerten Vierstern-Hotel Restaurant Stigenwirth, Krakauebene 33 (www.stigenwirth.at).

GÜNSTNER WASSERFALL – INFORMATIONSBÜRO ST. PETER-SCHÖDER /// 8843 ST. PETER AM KAMMERSBERG 82 /// (00 43) 0 35 36 / 76 11 20 /// WWW.GREIM.AT ///

VOM NATUR- ZUM TV-SCHAUSPIEL

Günstner Wasserfall

26

Zwischen Krakaudorf und Schöder, mitten im Wald, tost der höchste Wasserfall der Steiermark ins Tal hinab. Jede Sekunde stürzen bis zu 300 Liter Wasser über glatte Urgesteinsfelsen 65 Meter in die Tiefe. Wild schäumend passieren die Wassermassen drei Kaskaden und zwei naturgeschliffene Kessel, ehe sie sich im Schöderbach wieder sammeln und durch eine enge Klamm abfließen. Dieses spektakuläre Naturschauspiel wollen wir uns heute ansehen.

Vom Parkplatz direkt neben der Straße (rund zwei Kilometer nach der Abzweigung von der Landesstraße Seebach–Krakaudorf Richtung Schöder) brauchen wir zu Fuß zehn Minuten, um den Hof ›vulgo Wedam‹ zu erreichen. Der präsentiert sich dermaßen idyllisch zwischen Wald und Wiesen eingebettet, dass er es 1993 zu einiger Berühmtheit brachte, wenn auch als Bauernhof Fröschlbauer in der 13-teiligen Fernsehserie ›Die Leute von St. Benedikt‹ (mit Barbara Wussow und Albert Fortell). Noch heute zeugt die hölzerne Filmklappe an einem Baumstamm von turbulenten Tagen im Scheinwerferlicht, die aufmerksamen Besuchern der Krakau und des Steirischen Katschtals häufiger begegnen, wurde doch die TV-Serie in der wildromantischen Landschaft der beiden Nachbartäler gedreht – unter stolzer Mitwirkung einheimischer Statisten, die so manch Anekdote über die Dreharbeiten zu berichten wissen.

Etwas oberhalb, im Wald, begrüßt uns das laute Brausen des Günstner Wasserfalls. Hier beginnen die Holzstufen und -stege, über die man nahe am Fall hinaufsteigen kann. Trotzdem der Weg gut gesichert ist, flößt er uns doch zumindest Respekt ein. Feucht wird es allemal. Wie gut, dass wir festes Schuhwerk und Regenjacken tragen. In den 50er-Jahren wäre einer der schönsten Wasserfälle der Niederen Tauern beinahe einem geplanten E-Werk zum Opfer gefallen. Umso erfreulicher ist es, dass er inzwischen als Naturdenkmal geschützt ist.

Atmen Sie tief ein! Die feinen Sprühwasserpartikel sollen sich besonders positiv auf die Atmungsorgane auswirken. Wie auch die reine Luft in dieser Region.

TOURISMUSBÜRO OBERWÖLZ-LACHTAL /// HAUPTPLATZ 15 ///
8832 OBERWÖLZ /// (00 43) 0 35 81 / 84 20 ///
WWW.OBERWOELZ-LACHTAL.AT ///
30

KLEIN, ABER OHO

Altstadt Oberwölz

27

Im wanderbaren Wölzertal, einem Seitental des Oberen Murtales, liegt die kleinste Stadt der Steiermark, Oberwölz, die umso größeres historisches Flair verströmt. Tatsächlich fühlen wir uns ins Mittelalter zurückversetzt, als die Stadt noch den Bischöfen von Freising gehörte, kaum dass wir das erste der drei von ursprünglich fünf erhaltenen Stadttoren erreicht haben. Auch die Festungsbauten mit drei Wehrtürmen sind intakt. Besonders eindrucksvoll präsentiert sich das Hintereggertor am westlichen Eingang zum historischen Stadtkern, auf dem das Wappen des Freisinger Bischofs Nicodemus della Scala prangt, und die Seilrollen für die Zugbrücke noch heute zu sehen sind. Dahinter erwartet uns der Kirchplatz mit zwei Kirchen, der Stadtpfarrkirche St. Martin rechter Hand und der Spitalskirche zum heiligen Sigismund zur Linken. Letztere erstaunt uns mit einem durchaus logischen Detail – einem Knick im Kircheninneren, der dem Straßenverlauf entlang der Stadtmauer zuzuschreiben ist.

Auf dem langgestreckten Hauptplatz begegnen wir, wie in fast jeder steirischen Stadt, der Mariensäule aus Zeiten der Pest. Im alten hellblau getünchten Gemäuer am nördlichen Ende des Platzes, beim Schöttltor, ist im Erdgeschoss das Kulturhaus mit Stadtbücherei, Tourismusbüro und Heimatmuseum untergebracht. Das Österreichische Blasmusikmuseum im ersten Stock zeigt Instrumente und Objekte aus der Geschichte der heimischen Blasmusik, deren Bogen sich von historischer Militärmusik im 19. Jahrhundert bis zur Amateurmusik der Gegenwart mit über 2.100 Kapellen spannt. Entsprechende Hörerlebnisse inklusive. Für wechselnde Sonderausstellungen stehen weitere Schauräume im Parterre zur Verfügung.

Außerhalb der Stadt, die von der Burg Rothenfels überragt wird, lädt die Region Oberwölz-Lachtal zu Wanderungen, im Winter zum Skisport ein (www.lachtal.at).

Besonders stimmungsvoll lernen Sie Oberwölz bei einer Nachtführung mit Laternen und anschließendem Umtrunk in der Weinschenke kennen. Info und Anmeldung: 03581/20090

VERKEHRSVEREIN OBERZEIRING /// MARKTPLATZ 5 ///
8762 OBERZEIRING /// (00 43) 06 76 / 9 76 14 55 ///
WWW.SILBERGRUBEN.AT ///

VOM SILBERBERG ZUM GOLDRAUSCH

Schaubergwerk Oberzeiring

28

Auf historische Pfade begeben wir uns nach Oberzeiring, einer Marktgemeinde, die ganz in der Nähe von Pöls liegt, wo unsere steirische Hälfte dereinst das Licht der Welt erblickte. Doch das ist nicht der einzige Grund, warum wir dem malerischen Pölstal einen Besuch abstatten und ihm einen Lieblingsplatz widmen.

Es ruft der ›sagenhafte Silberberg‹, jedoch nicht auf die eher bescheidene Höh', sondern tief in sein Inneres – ins Schaubergwerk Oberzeiring. Das Silber, das im Mittelalter im Zeiringer Erzberg abgebaut wurde, führte zu immensem Reichtum und zu einigen Privilegien wie dem Stadtrecht, dem Münzrecht und vielem mehr. So konnten die Bergleute von keinem Gericht zur Rechenschaft gezogen werden, was ein paar gottlose Knappen grausam ausnutzten, zumindest, wenn man der Sage glaubt, die sich um die Silbergruben rankt. Eines Tages sollen eine Frau und ihr Enkelsohn die Männer besucht haben, um ihnen beim Kegeln mit Silberkugeln zuzusehen. Den Buben hätten sie kurzerhand enthauptet, erzählt die Legende, um anschließend mit seinem Kopf weiterzukegeln. Der Fluch, den die alte Frau daraufhin aussprach, soll den Wassereinbruch am folgenden Tag verursacht haben, der 1.400 Knappen ins Jenseits spülte. Tatsächlich war es im 14. Jahrhundert vorbei mit dem Silberabbau – und mit dem Reichtum. Das Wasser blieb, trotz zahlreicher Versuche es zu entfernen und dem Berg noch mehr Silber und Erz abzuringen.

Der wertvollste Schatz wurde erst viel später entdeckt. Jenes Wasser, das vermutlich im Laufe der Jahrhunderte in die Stollen sickerte, sorgt für hohe Luftfeuchtigkeit unter Tag und lindert nachweislich Atemwegsbeschwerden. Heute werden im staubfreien Heilstollen Asthma- und andere Bronchialerkrankungen kuriert. Viele kommen auch wegen ›Theo‹, dem renommierten Theater Oberzeiring, das erfolgreich Zeitgenössisches gibt (www.theo.at).

Ein Ausflug nach Pusterwald lohnt sich doppelt. Wegen der Idylle inmitten der Tauern und der Goldwaschanlage, wo Sie unter Anleitung Gold schürfen können. www.pusterwald.at

KOPIE DES KULTWAGENS AUS DEM NAHEN STRETTWEG – DAS WELTBERÜHMTE ORIGINAL IST IN GRAZ AUSGESTELLT.

TOURISMUSVERBAND JUDENBURG /// BURGGASSE 3 /// 8750 JUDENBURG /// (00 43) 0 35 72 / 4 71 27 /// WWW.JUDENBURG.COM ///

ZEITREISE DURCH DIE JAHRHUNDERTE

Altstadt Judenburg

29

Von einer den Seetaler Alpen vorgelagerten Terrasse oberhalb der Mur wacht die alte Handelsstadt weithin sichtbar übers Aichfeld. 1074 erstmals erwähnt, war Judenburg im Mittelalter ein wichtiger Verkehrsknotenpunkt, der mehrere Handelsstraßen mit der Italienstraße (zwischen Venedig und Wien) verband. Von der wirtschaftlichen Bedeutung Judenburgs zeugt unter anderem die erste Goldmünze in den Ländern der Habsburger, der ›Judenburger Gulden‹, der im Stadtmuseum betrachtet werden kann. Wer möchte, darf sein Exemplar mit eigener Kraft auf einem Prägstock in Bronze schlagen (Kaserngasse 27). Das bislang wertvollste Zeugnis der Vergangenheit ist dort ebenfalls ausgestellt, wenn auch nur als Kopie. Das Original des Strettweger Kultwagens aus dem siebenten vorchristlichen Jahrhundert, das 1851 am Fuße des nahen Falkenbergs gefunden wurde, wird als teuerstes (Versicherungssumme 50 Millionen Euro) und international bekanntestes Ausstellungsobjekt im Grazer Universalmuseum Joanneum gezeigt. Die neueste Entdeckung in Strettweg, ein reich ausgestattetes Fürstengrab, das ebenfalls aus der Hallstattzeit stammt, gilt als archäologische Sensation und Meilenstein im gesamten Südostalpenraum.

Das Wahrzeichen der historischen Altstadt ist der mit 75 Metern höchste freistehende Stadtturm Österreichs, in dem ein hochmodernes Planetarium mit spektakulären 3D-Kuppelprojektionen untergebracht ist. Schon der Weg nach oben im gläsernen Fahrstuhl, nur wenige Zentimeter vorbei an den Glocken, die zur benachbarten Pfarrkirche gehören, ist ein Erlebnis, das mit einem wunderbaren Blick von der Aussichtsgalerie in 42 Metern Höhe belohnt wird. Wer mag, kann stattdessen auch die Treppe nehmen. Eine Etage höher beginnt ein eindrucksvoller und lehrreicher Flug durch die unendlichen Weiten des Universums (Kirchplatz 1, www.sternenturm.at).

Das Puch-Museum widmet sich dem Lebenswerk des Johann Puch und präsentiert seine legendären Zwei- und Vierräder (Murtaler Platz 1, www.puchmuseum.at).

PROJEKT SPIELBERG /// RED BULL RING STRASSE 1 /// 8724 SPIELBERG
BEI KNITTELFELD /// (00 43) 0 35 77 / 20 20 ///
WWW.PROJEKT-SPIELBERG.AT ///

IM ZENTRUM DER PFERDESTÄRKEN

Projekt Spielberg

30

Formel-1-Fans ist Zeltweg im Aichfeld ein Begriff, liegt doch der alte Österreichring im nahen Spielberg. Bei seiner Eröffnung 1969 galt er als eine der schönsten und schnellsten Rennstrecken der Welt und war bei Fahrern und Fans gleichermaßen beliebt. Auch die steirische Hälfte von uns war als Jüngling voller Begeisterung dabei, wenn Ferrari und Co. mit ohrenbetäubender Lautstärke ihre aberwitzig schnellen Runden drehten. Unvergesslich bleibt vor allem die Erinnerung, als Niki Lauda 1984 hier sein Heimrennen gewann. Drei Jahre später flog die Strecke aus dem Formel1-Kalender und kehrte erst 1997, umgebaut als A1-Ring, zurück. Den endgültig (?) letzten Grand Prix gewann Michael Schumacher 2003.

Eine Zeitlang war es ruhig in Spielberg, zumindest, was die Motorengeräusche anbelangt. Politisch ging es umso lauter zu, als der Selfmade-Milliardär und gebürtige Steirer Dietrich Mateschitz den Ring zu einem Motorsport-, Event- und Freizeitzentrum ausbauen wollte. Eine Bürgerinitiative verhinderte das Projekt in seinem vollen Umfang, dennoch wurde der Red Bull-Ring in abgespeckter Form realisiert und 2011 eröffnet. Motorsportbegeisterten aus aller Welt dient er heute als riesiger Spielplatz mit Drivingcenter für Fahrschulungen, einer 4WD-Teststrecke für Allradfahrten, ein Go-Kart-Kurs und Offroad-Gelände für Autos und Motorräder. Wer nicht selbst Kopf und Kragen riskieren möchte, kann mit Profis mitfahren, um den Geschwindigkeitsrausch eines Rennfahrers zu erleben.

Wem ein PS unterm Hintern genügt, der findet sein Glück auf dem Rücken edler Warmblutpferde: Im G'schlössl Murtal können Sie dem Reitsport in all seinen Facetten frönen, danach Wellness- und Beautybehandlungen genießen oder im Teich baden. Kulinarisch werden Sie im Restaurant des Hotels nicht weniger luxuriös verwöhnt (Murhof 1, 8734 Großlobming).

Der Red Bull-Ring bietet nicht nur für spektakuläre Motorsportveranstaltungen, sondern auch für Mega-Konzerte mit bis zu 25.000 Besuchern den geeigneten Rahmen.

WIPFELWANDERWEG ALMFRISCHE RACHAU /// MITTERBACH 25 ///
8720 RACHAU /// (00 43) 0 35 12 / 4 45 99 ///
WWW.WIPFELWANDERWEG.AT ///

Wipfelwanderweg Rachau

In Rachau, wo sich Fuchs und Henne vermutlich nicht nur im gleichnamigen Lokal neben dem Kartenbüro gute Nacht sagen, ragt Europas höchstgelegener Wipfelwanderweg weithin sichtbar in den Himmel. Erwachsene und Kinder soll er animieren, den Wald spielerisch zu entdecken. Als bekennende Waldfans sind wir gespannt, was auf uns zukommt. Der Rundweg ist knapp drei Kilometer lang und will Wissenswertes erlebnis- und spaßorientiert vermitteln. Na, dann schau' ma mal.

Schon auf den ersten 500 Metern, die der ›Sonnenweg‹ am Waldrand entlangführt, erwarten den Besucher Geschicklichkeits- und Wurfspiele aus Holz wie Weithüpfen, Bogenschießen, Zapfen und Ringe werfen. Den anwesenden Kindern macht es offensichtlich Spaß. Wir widmen uns stattdessen dem Naturlehrpfad mit Schautafeln, Spechtbaum und Insektenhotel. Tatsächlich haben sich die Verantwortlichen hier einiges zum Thema Wald einfallen lassen. Über die ›Himmelsleiter‹ gelangen wir zum ›Gratweg‹, der einlädt, den Wald sinnlich wahrzunehmen – mit Augen, Ohren, Nase und Händen. Nach weiteren 500 Metern kommen wir am Einstieg des Wipfelwanderweges an, einer soliden Lärchenholzkonstruktion, deren Stege zwischen den Bäumen vorbei und über die Wipfel hinaus führen, rund 20 Meter über dem Boden. Von drei der zahlreichen Aussichtstürme genießen wir spektakuläre Rundumblicke über Wald, Wiesen und Kirchtürme bis zu den umliegenden Bergen. Wer nicht schwindelfrei ist, sollte die vier Meter lange freischwebende Aussichtsplattform lieber auslassen. Alle anderen können die Landschaft von hier aus der Vogelperspektive betrachten.

Am Ende des Weges testen wir, kindisch, wie wir manchmal sind, die 32 Meter lange Rutsche. Sie können aber auch die Treppe nehmen, um wieder festen Boden unter den Füßen zu haben. Zurück nehmen wir den ›Vogelsteig‹, der uns die heimische Vogelwelt näherbringt.

Die reine Gehzeit beträgt zwei Stunden. Allgemeine Führungen dauern rund zweieinhalb, waldpädagogische Führungen für Kinder und Jugendliche etwa drei Stunden.

ALPINE STEIERMARK

Quellbodenhütte

TOURISMUSVERBAND SCHLADMING-ROHRMOOS ///
ROHRMOOSSTRASSE 234 /// 8970 SCHLADMING ///
(00 43) 0 36 87 / 2 27 77 22 ///
WWW.SCHLADMING-ROHRMOOS.COM ///

IN DIE BERG BIN I GERN …

Schladming-Rohrmoos

32

Schladming ist nicht mehr das, was es einmal war, werden immer wieder Unkenrufe laut. Zugegeben: Aus dem einstigen Bergbaustädtchen ist eine moderne Sportmetropole geworden, die vor allem junges Publikum aus dem In- und Ausland anzieht. Das letzte umfassende Gesichtslifting rund um den Hausberg Planai ist der Alpinen Ski-WM zu verdanken, die 2013 zum zweiten Mal (nach 1982) hier ausgetragen wurde. Und auch wenn es manchem nicht gefällt, Mega-Events wie diese erfordern nun einmal eine zeitgemäße Infrastruktur, um dem Ansturm der Massen und Medien gerecht zu werden. Davon profitiert schließlich auch das spektakuläre Nightrace, das jedes Jahr bis zu 50.000 Besucher in die ansonsten nicht einmal 5.000 Seelen zählende Stadt lockt. Apropos Schladminger: Nicht nur die Bewohner, auch das lokale Bier und der traditionelle Trachtenjanker aus festem Lodenstoff und dieser selbst heißen so (siehe nächste Seite).

All jene, die die Berge mögen, finden hier nicht nur im Winter zahlreiche Möglichkeiten vor. Im Sommer bringt die Planai-Seilbahn Wanderer, Kletterbegeisterte und waghalsige Downhillbiker bis zur Bergstation auf 1.630 Meter, wo sich Letztere todesmutig den Bikepark über 1.000 verdammt steile Höhenmeter hinunterstürzen.

Etwas ruhiger geht es in Rohrmoos zu, ausgesprochen familiär im ›arx Genusshotel‹, wo wir uns auf Anhieb wohl fühlen. Nicht nur wegen der schicken und funktionellen Zimmer (ausreichend Steckdosen für Handys, Kameras und Laptops!) und dem Spa-Bereich, sondern auch wegen der hervorragenden Küche. Entgegen der heute noch ortsüblichen kulinarischen Sünden längst vergangen geglaubter Tage (Toast Hawaii!) wird in der ›arx Genusswerkstatt‹ kreativ und g'schmackig, ohne überflüssiges Chichi aufgekocht. Auch der Weinkeller, der ebenfalls viel Steirisches bietet, hat uns große Freude bereitet (www.arx-genusshotel.at).

Für Mutige: Von Schladming bis ins Rohrmooser Untertal zieht sich der Erlebniswanderweg Wilde Wasser mit 50 Meter langer Seilbrücke, die Schwindelfreie durch die Höll führt.

LODENWALKE RAMSAU /// RÖSSING 122 /// 8972 RAMSAU
AM DACHSTEIN /// (00 43) 0 36 87 / 8 19 30 ///
WWW.LODENWALKER.AT ///

FÜR LODENWALKER UND KLAMMBEZWINGER

Lodenwalke Ramsau

33

Sabine spinnt mal wieder, sind wir uns sicher, als wir die enge Straße hinauf, an urigen Bauernhöfen vorbei und durch den Wald gelotst werden. Ach so: Sabine heißt unser Navi, benannt nach einem Herbsthoch, das damals während der Jungfernfahrt herrschte. Auf alle Fälle sind wir dankbar, dass es uns in diese wunderschöne Gegend am Fuß des Dachsteinmassivs verschlagen hat. Und tatsächlich stoßen wir auf jene Landstraße, die zur Lodenwalke führt. Hier zu arbeiten muss das reinste Vergnügen sein, sind wir uns einig, angesichts der beiden Gebäude und ihrer idyllischen Lage am rauschenden Wildbach, eingebettet zwischen Bergen, Wäldern und Wiesen. Auf der anderen Straßenseite, im Schatten der Bäume, weiden glückliche Schafe. Sie liefern die Wolle für die Lodenstoffe, die seit 1434 im ältesten Gewerbebetrieb der Steiermark erzeugt werden.

Am Gasthaus in der Lodenwalke vorbei gelangen wir ins Museum, das alte Schaustücke zeigt. Ein roter Faden (wie passend!) auf dem Boden führt uns weiter in die Produktionshalle. Heute noch werden hier Lodenstoffe hergestellt, wie etwa der schwere Schladminger, aus dem seit Jahrhunderten die gleichnamigen wärmenden Überjacken geschneidert werden. (Später wird uns auffallen, dass sich dieselben Grau- und Grüntöne auf den umliegenden Bergen wiederfinden.) Zu Recht darf sich nicht nur dieses Kleidungsstück, das im ersten Stock der Lodenwalke verkauft wird, heimatverwurzelt nennen. Und es ist schön, dass auch immer mehr junge Menschen die Tracht für sich entdecken, ob sie nun traditionell oder zeitgemäß interpretiert daherkommt.

Unsere nächste Station ist die rund 500 Meter entfernte Silberkarklamm, die auch Kinder leicht bezwingen können. Nach einer halbstündigen Wanderung erreichen wir die Silberkarhütte, wo für wahre Bergfexe der Weg erst beginnt: auf den Stein, jenes Karstgebirge entlang des Dachsteinmassivs.

Spannende Reise durch die Geschichte der Ramsau, die von Alpinismus, Jagd und evangelischem Glauben geprägt ist: Museum Zeitroas, Ramsau Ort. www.zeitroas.at

DACHSTEIN GLETSCHERBAHN RAMSAU /// SCHILDLEHEN 79 ///
8972 RAMSAU AM DACHSTEIN /// (00 43) 0 36 87 / 22 04 28 10 ///
WWW.DERDACHSTEIN.AT ///

HOCH VOM DACHSTEIN AN …

Dachstein

34

Dass die Landeshymne der Steiermark ausgerechnet mit dem Dachstein beginnt, ist kein Zufall. Immerhin ist das fast 3.000 Meter hohe Felsmassiv mit seinem Gletscher seit jeher ein begehrtes, bis zur Erstbesteigung 1834 unerreichtes Ziel für Bergsteiger und Kletterer. Seit 1969 bringt die Dachstein-Gletscherbahn jährlich an die 200.000 Touristen auf die 2.770 Meter hoch gelegene Hunerkogel-Bergstation. In der Steiermark wird nur der Wallfahrtsort Mariazell noch häufiger besucht. Die Fahrt über 1.000 Höhenmeter entlang steiler Felswände ist spektakulär, die Aussicht auf das Alpenpanorama ebenso. Getoppt wird der Ausblick, oben angelangt, auf dem Dachstein Sky Walk, einem Steg mit Glasfläche, der über den senkrecht abfallenden Felsen hinausragt. Um ihn zu begehen, sollte man schwindelfrei sein. Dass die Glasfläche just bei unserem Besuch abmontiert war, hat uns vor dieser Mutprobe bewahrt (siehe Foto). Dennoch haben wir den einzigartigen Blick auf die umliegenden Berge genossen und uns anschließend in der steirischen Hälfte des Gletscherrestaurants gestärkt. Die steirisch-oberösterreichische Grenze verläuft nämlich mitten durchs Lokal, was die Fußbodenmarkierung verdeutlicht. Hier wird im Sommer auch das ›Sky Walker-Frühstück‹ serviert, nachdem die Frühaufsteher unter den Besuchern die Morgensonne am Dachstein Sky Walk oder in den Strandkörben beim Aufgehen beobachtet haben. Um das unvergessliche Naturschauspiel samt rosarot gefärbtem Himmel zu erleben, ist eine Anmeldung unbedingt erforderlich (0 36 87 / 22 04 28 00).

Wer nicht zum Langlaufen, Skifahren oder Snowboarden gekommen ist, findet eine weitere Attraktion nur wenige Schritte entfernt vom Gletscherrestaurant. Durch einen engen Eingang aus Eis und Schnee gelangt man direkt in den Gletscher hinein, in den Dachstein Eispalast, der mit Eisskulpturen und bunten Lichtspielen fasziniert.

☞ Über den Klettersteig Johann lässt sich die Südwand dank 700 Meter Drahtseil und 250 Trittstiften von besonders sportlichen Bergfexen bezwingen. www.bersteigen.at

GASTHOF FORELLENHOF /// SEEWIGTAL 41 /// 8966 AICH-ASSACH ///
(00 43) 0 36 86 / 46 97 /// WWW.FORELLENHOF-BODENSEE.AT ///

ZUM STERBEN SCHÖN

Steirischer Bodensee

35

Fangfrische Bodensee-Forellen in einem steirischen Urlaubsprospekt? Unsere Neugier ist geweckt, hätten wir diese Köstlichkeit doch im Dreiländereck im Westen Österreichs erwartet, keinesfalls aber in der Dachstein-Region. Nicht nur der schmackhaften Forellen wegen soll sich unser Ausflug hierher lohnen. Die Idylle macht den Ort zum perfekten Schauplatz des Verbrechens – nachzulesen im Alpen-Krimi ›Steirerkind‹.

Allein die Anfahrt ins naturgeschützte Seewigtal, in dem der Steirische Bodensee auf 1.150 Metern malerisch ruht, ist eine Reise wert. Oder besser zwei. Sowohl die Route von Aich als auch jene von Ruperting bietet atemberaubende Blicke auf das gewaltige Dachsteinmassiv und die Schladminger Tauern. In beiden Fällen endet die Panoramastraße, die in der Sommersaison mautpflichtig ist, beim weiträumigen Parkplatz vor dem Seewigtal-Stüberl, das mit Specknockerlsuppe und flaumigem Kaiserschmarrn zur Einkehr lockt.

Die restliche Strecke vom Schranken bis zum Steirischen Bodensee legen wir in etwa zehn Minuten zu Fuß zurück, was über den ebenen, asphaltierten Spazierweg, der sich auch für Rollstuhlfahrer und Kinderwägen eignet, ein Vergnügen ist. Rechter Hand plätschert der Bodenseebach vorbei, linker Hand weiden Kühe, die gern auch mal die Straße queren. Wer sich davon nicht abschrecken lässt, wird reichlich belohnt. Keine Angst, das Fleckvieh ist an Ausflügler und angeleinte (!) Hunde gewöhnt. Da liegt er: der Steirische Bodensee vor hochaufragender Kulisse samt Wasserfall, der in Schleiern über die dunklen Felsen in die Tiefe stürzt. Das Schwimmen ist hier nur den Forellen gestattet, die je nach Größe in verschiedenen Becken heranwachsen. Doch kann der See per Ruderboot erkundet oder in 20 Minuten gemütlich umwandert werden. Danach winkt die fangfrische Belohnung auf der Terrasse des Gasthofs Forellenhof, direkt am Ufer.

Anspruchsvolle Wanderer steigen in etwa anderthalb Stunden entlang des Wasserfalls zur Hans-Wödl-Hütte auf. Weitere Wanderrouten: www.schladming-dachstein.at

TOURISMUSVERBAND PÜRGG-TRAUTENFELS ///
8951 PÜRGG-TRAUTENFELS 52 /// (00 43) 0 36 82 / 2 29 11 ///
WWW.PUERGG-TRAUTENFELS.AT ///

ROSEGGERS STEIRISCHES KRIPPERL

Pürgg-Trautenfels

36

Wie gemalt fügt sich Pürgg mit seinen engen autofreien Gassen und blumengeschmückten Häusern ins steirische Grün über der Enns ein. Bewacht wird die kleine, etwas erhöht auf einem Plateau gelegene Ortschaft von einem mächtigen Gebirgsstock. ›Da Grimma‹ nennen ihn die Einheimischen der Region respektvoll, zeigt sich der 2.351 Meter hohe, aus dem Ennstal steil aufragende Grimming doch oftmals von seiner grimmigen Seite.

Dass im kleinen Ort Pürgg gleich zwei der bedeutendsten Kirchen der Steiermark stehen, verwundert nicht nur uns. Auch der Heimatdichter Peter Rosegger scheint beeindruckt gewesen zu sein, sonst hätte er Pürgg wohl kaum den klingenden Beinamen ›Steirisches Kripperl‹ verliehen. Noch mehr geraten wir ins Staunen, als wir beide Kirchen näher betrachten. Die romanisch, später gotisch umgebaute Pfarrkirche St. Georg imponiert mit ihren Fresken und dem Westportal, dessen Türblatt Spiralen aus Schmiedeeisen zieren, um böse Geister abzuhalten. Etwas abseits auf der östlichen Anhöhe empfängt uns die Johanneskapelle mit einem grandiosen Blick auf den Grimming, das Ennstal und aufs romantische Pürgg. Im Inneren der Kapelle verzaubern uns Fresken aus dem 12. Jahrhundert, die als die ältesten des nördlichen Alpenraums gelten. Doch nicht nur ihr Alter macht sie so besonders, ihre Motive geben Kunsthistorikern nach wie vor Rätsel auf. Kriegsszenen zwischen Katzen und Mäusen und arabische Zeichen, darunter mehrfach ›Allah‹, bergen bis heute ihr Geheimnis. Einen Besuch ist Pürgg auch im Advent wert, wenn die Ortschaft samt Häusern, Ställen und Tennen zum stimmungsvollen Adventmarkt wird.

Der Kultur- und Naturgeschichte des steirischen Ennstales und Ausseerlandes widmet sich die Dauerausstellung des Museums im Schloss Trautenfels, das zudem mit wechselnden Ausstellungen und Veranstaltungen lockt (www.museum-joanneum.at/de/trautenfels).

Beim Krenn wird bodenständig steirisch aufgekocht. Empfehlenswert etwa das Pürgger Wildererpfandl. Gasthaus Krenn, Pürgg 11, www.puergg.at/krenn

WER SICH EINE ZÜNFTIGE HIRSCHLEDERNE ZULEGEN MÖCHTE, IST IN BAD AUSSEE RICHTIG.

TOURISMUSVERBAND AUSSEERLAND – SALZKAMMERGUT ///
BAHNHOFSTRASSE 132 /// 8990 BAD AUSSEE ///
(00 43) 0 36 22 / 54 04 00 /// WWW.AUSSEERLAND.AT ///

AB DURCH DIE MITTE

Via Artis Bad Aussee

37

Das Ausseerland ist speziell. Was Landschaft und Menschenschlag betrifft. Vielmehr Salzkammergut als Steiermark. Auch was das Wetter anbelangt. Und so öffnet der Himmel programmgemäß seine Schleusen, kaum dass der Grimming in unserem Rückspiegel auftaucht. Wenn es hier einmal regnet, dauert es oft Wochen, bis sich die Sonne wieder durch die schweren Nebelschwaden zwischen den Berggipfeln kämpft. Und wenn sie dann scheint, wähnt man sich erst recht inmitten einer Kulisse.

Drama pur. Volle Romantik. Launisch wie eine Diva hat das Ausseerland Künstler, Literaten, Komponisten und Gelehrte inspiriert, die hier schon früher in überproportionaler Dichte ihre Sommerfrische verbrachten oder gar ihre Wahlheimat fanden. Einigen widmet sich die Via Artis Bad Aussee, ein insgesamt zwölf Kilometer langer Themenweg mit fünf Stationen. Unterwegs begegnen Sie den Spuren von Hugo von Hoffmannsthal, Nikolaus Lenau, Sigmund Freud und anderen namhaften Kollegen. Ausgang- und Endpunkt ist der Künstlerwinkel im Kurzentrum, der Sie auf großen Bildtafeln informiert. Die zweite Station liegt im nahen Kurpark, neben dem Denkmal jenes Habsburgers, der hier omnipräsent ist: Erzherzog Johann, hochherrschaftlicher Gemahl der hiesigen Postmeisterstochter Anna Plochl. Die Tafel erläutert uns die Sehenswürdigkeiten der einstigen Salzstadt, und so treten wir erst einmal den Rundgang durch den historischen Ortskern an, anstatt der Via Artis weiterzufolgen. Künstlerwege gibt es auch im nahen Altaussee und Grundlsee (Info im Tourismusbüro).

Zurück im Kurpark zeigt uns der Mittelpunktstein an, dass wir uns hier am geografischen Mittelpunkt Österreichs befinden. Die protzige Fußgängerbrücke über der Flussgabelung der Traun, die mit dem sternförmigen Logo einer deutschen Automarke auf dieselbe Tatsache hinweist, hätte es unseretwegen nicht mehr gebraucht.

Trachtenfans werden sich in Bad Aussee im Paradies wähnen. Die schönsten Dirndln aus handbedruckten Stoffen gibt's bei Rastl Gwand. www.rastltracht.at

TOURISMUSVERBAND AUSSEERLAND – SALZKAMMERGUT ///
FISCHERNDORF 61 /// 8992 ALTAUSSEE /// (00 43) 0 36 22 / 7 16 43 ///
WWW.AUSSEERLAND.AT ///

RUND UMS DUNKELBLAUE TINTENFASS

Altaussee

38

An diesem Augusttag präsentiert sich das launische Land am Loser von seiner sonnigen Seite. Fast schon kitschig, wie schön es hier ist! Das Auto stellen wir am gebührenpflichtigen Parkplatz in der Nähe des Altausseer Kurparks ab, um uns erst einmal im Literaturmuseum umzusehen. Was liegt näher, als mitten im Ausseerland, das seit dem 19. Jahrhundert so viele Künstler und Schriftsteller angezogen und ihr Schaffen geprägt hat, einen Ort der Begegnung für Literatur- und Kulturbegeisterte zu gründen? Mit Text- und Bildmaterial, historischen Exponaten, Hör- und Videobeispielen und neuen Medien soll Literatur – vorwiegend jene, die den Geist dieser Landschaft verströmt – lebendig vermittelt werden. Veranstaltungen, Shop, Bücherflohmarkt, Bibliothek und Leseraum komplettieren das Angebot. Obfrau ist keine geringere als die Altausseer Schriftstellerin Barbara Frischmuth, die auch den Literaturgarten im Kurpark mitgestaltet hat (www.literaturmuseum.at).

Von hier aus benötigen wir zu Fuß keine fünf Minuten zur Schiffsanlegestelle. Tatsächlich zeigt sich der Altausseersee, zumindest jene weiter entfernten Areale, die im Schatten der Berge liegen, in einem tiefen Blau. Diese Farbe und sein literarischer Einfluss machen den Vergleich mit einem dunkelblauen Tintenfass durchaus plausibel.

Die ›Altaussee‹, das erste solarbetriebene Fahrgastschiff Österreichs, hat soeben angelegt, um Passagiere für die etwa einstündige Rundfahrt aufzunehmen. Wir entscheiden uns aber für den Seeweg, der rund um den See, an charmanten Villen mit Holzveranden und Bootshäusern vorbei durch die Naturlandschaft führt. Nach einer Dreiviertelstunde am sonnigen Nordufer entlang erreichen wir unseren Lieblingsplatz, der als Glücksplatz gilt: die Seewiese mit grandiosem Blick auf den Dachstein-Gletscher, den wir auf der Terrasse des Jagdhauses genießen.

Die gemütliche Umrundung des Altausseersees dauert zu Fuß etwa zwei bis zweieinhalb Stunden. Das Solarschiff Altaussee legt auch bei der Seewiese an.

LOSER PANORAMASTRASSE /// WWW.LOSER.AT ///
PANORAMASTRASSEN IN DER STEIERMARK /// WWW.STEIERMARK.COM ///

DER WEG IST DAS ZIEL

Loser Panoramastraße

6/11

Es ist einer jener Tage, an denen wir uns nach unserem alten Cabrio sehnen. Schon vor dem Frühstück lacht die Sonne vom azurblauen Himmel. Noch kämpft sie gegen ein paar Nebelschwaden an, die hartnäckig zwischen den Bergen hängen. In einer Stunde, spätestens in zwei, wird sie als Siegerin hervorgehen. Dann wird die kühle Alpenluft der vergangenen Nacht der Hitze weichen, die uns ein Omega-Hoch über Mitteleuropa seit Tagen beschert. Nichts wie aufi auf'n Berg, wo die Temperaturen um einiges erträglicher sind.

So gern wir auch wandern, die Strecke vom literaturaffinen Wellness-Hotel ›Die Wasnerin‹ (www.diewasnerin.at) bis auf den Loser wollen wir lieber doch nicht zu Fuß zurücklegen. Schließlich beginnt ganz in der Nähe die neun Kilometer lange Panoramastraße, die uns mitten ins Herz des Toten Gebirges führt – zur Loser Alm auf 1.600 Höhenmetern. Für Radfahrer ist die Mautstraße eine Herausforderung, bei Motorradfahrern ist sie besonders beliebt. Die engen Kurven, in denen sie sich hochwindet, drosseln unsere Geschwindigkeit, nicht aber das Glücksgefühl, das uns bei diesen prachtvollen Ein- und Ausblicken übers Ausseerland und auf die umliegenden Berge überwältigt. Am Parkplatz, Ausgangspunkt für Wanderungen durch das Landschaftsschutzgebiet mit seinen bizarren Karstformationen, wechseln wir unser Schuhwerk. Bergschuhe sind hier ein Muss, außer Sie kehren gleich auf der Loser Alm ein und fahren anschließend wieder nach Altaussee hinunter, was ziemlich schade wäre.

Versierte Kletterfans werden vom 400 Meter langen Panoramasteig Sisi begeistert sein, der von einer Expertenjury zum aussichtsreichsten in Europa gewählt wurde. Sein Name ist übrigens kein Marketing-Gag. Kaiserin Elisabeth soll den Loser zu Fuß bezwungen haben. Vermutlich fand auch sie den Blick übers steirische Salzkammergut und zum Dachstein hin majestätisch.

In der Steiermark gibt es zahlreiche Panoramastraßen, die allesamt eine Reise wert sind. Jede einzelne führt an Orte, die das Zeug zum Lieblingsplatz haben.

SCHIFFFAHRTSUNTERNEHMEN ZIMMERMANN /// 8993 GRUNDLSEE ///
(00 43) 06 76 / 64 62 5 /// WWW.3-SEEN-TOUR.AT ///

UNTERWEGS AM STEIRISCHEN MEER

Grundlsee – Toplitzsee – Kammersee

39

Der Grundlsee, als größter See des Landes auch Steirisches Meer genannt, begrüßt uns mit Kaiserwetter. Das ist im Ausseerland keineswegs selbstverständlich, aber durchaus passend, da sich hier zu k.u.k. Zeiten auch der Adel zur Sommerfrische einfand. So verwundert es nicht weiter, dass sich Erzherzog Johann ganz in der Nähe am Toplitzsee in seine spätere Gemahlin, die Ausseer Postmeisterstochter Anna Plochl, verliebte.

Doch bleiben wir kurz im Ort Grundlsee, wo unsere romantische Drei-Seen-Tour ihren Anfang nimmt. Das Ausflugsschiff bringt uns von der Seeklause beim Seehotel über das spiegelglatte Gewässer (fünf Minuten später ist Abfahrt vom regional geprägten Haubenlokal Post am See). Der glitzert an diesem Tag wie ein dunkelgrüner Schmuckstein, eingefasst von den Bergen des Toten Gebirges. Eine halbe Stunde später erreichen wir Gößl, wo man noch heute einen großartigen Brauch pflegt: Alljährlich wird ein Bauer zum Dorfrichter gewählt, um etwaige Streitigkeiten zu schlichten.

Gößl ist auch Ausgangspunkt für viele Wanderungen, wie für den leicht zu bewältigenden, gut 20-minütigen Weg entlang der 180 Meter hohen Gößler Wand, der zum zweiten See führt. Der legendäre Toplitzsee bietet mehr als den Gedenkstein der unstandesgemäßen erzherzöglichen Liaison und die Fischerhütte, die mit fangfrischem Fisch zur Einkehr lockt. Weltbekannt wurde das über 100 Meter tiefe Gewässer für das Gerücht, die Nazis hätten hier Kisten mit Gold versenkt, und die vielfachen Versuche, diese zu bergen. Gefunden wurden nur deren gefälschte Pfundnoten, allerlei Krempel und Wurm Willi, der als einziges Lebewesen in unter 18 Metern Tiefe im sauerstofffreien Wasser leben kann. Das Tauchen ist inzwischen verboten. Ans andere Ufer gelangen Sie mit dem Motorboot. Von dort erreichen Sie den winzigen Kammersee, der als Ursprung der Traun gilt, in wenigen Minuten.

›Wild‹ baden lässt es sich am Grundlsee fast überall, im Winter eislaufen. Gebührenpflichtige Parkplätze sind reichlich vorhanden (Euro-Münzen!).

BENEDIKTINERSTIFT ADMONT /// HAUPTSTRASSE 1 /// 8911 ADMONT ///
(00 43) 0 36 13 / 23 12 -0 /// WWW.STIFTADMONT.AT ///

SCHATZKAMMER DES GLAUBENS, DES WISSENS UND DER KULTUR

Benediktinerstift Admont

40

Als wir die weltgrößte Klosterbibliothek im Benediktinerstift Admont betreten, sind wir von der Größe und der Pracht des spätbarocken Kuppelsaals mit seiner hellen, wohlproportionierten Architektur und der kunstvollen Ausgestaltung überwältigt. An die 70.000 Bücher füllen die weißen, goldverzierten Regale, die in den beiden Seitenteilen über die prunkvollen Galerien hinauf bis unter die opulenten Kuppelfresken reichen. Weitere unfassbare 130.000 Bücher, die nicht im Bibliothekssaal ausgestellt sind, zählen zum Bestand des Stifts. Darunter die wertvollen Handschriften – über die Hälfte davon aus dem Mittelalter – und die Inkunabeln (Drucke bis 1500), die in klimatisierten Sicherheitsdepots aufbewahrt werden. Dabei grenzt es nach dem großen Brand im Jahr 1865 an ein Wunder, dass diese Schätze des Wissens überhaupt noch existieren. Nur die Stiftsbibliothek mit ihren sieben massiv gemauerten Gewölbekuppeln konnte damals den Flammen und dem einstürzenden Dachgebälk trotzen.

Neben der Bibliothek, die Zeitgenossen euphorisch als achtes Weltwunder bezeichneten, und die heute zu den bedeutendsten Kulturdenkmälern Österreichs zählt, empfiehlt sich ein Besuch im angeschlossenen Museum für Gegenwartskunst sowie im Kunst- und im Naturhistorischen Museum. Hier werden nicht nur ständige Exponate, sondern auch wechselnde Sonderausstellungen präsentiert – teilweise in multimedialer Form. So lässt sich auch die Geschichte des Stifts und der Weg des heiligen Benedikt zeitgemäß und umso eindrücklicher erleben.

Im Winter sind Bibliothek und Museum auf Anfrage geöffnet. Ein Besuch am dritten Wochenende im Advent lohnt sich besonders, da sich der Innenhof in einen der zauberhaftesten Adventmärkte des Landes verwandelt. Lebende Krippe, Laternenwanderung, musikalische Märchenerzähler und Schülerkonzerte stimmen auf Weihnachten ein.

Ein Spaziergang im großzügig angelegten Klostergarten des Stifts bietet unter anderem eindrucksvolle Ausblicke auf das Gesäuse und den nahen Nationalpark.

INFOSTELLE NATIONALPARK GESÄUSE /// HAUPTSTRASSE 35 ///
8911 ADMONT /// (00 43) 0 36 13 / 2 11 60 20 ///
WWW.NATIONALPARK.CO.AT ///

IM REICH VON FELS UND WASSER

Nationalpark Gesäuse

41

Im nordöstlichen Teil des Ennstales, dort, wo die Enns seit Jahrmillionen durch die Kalkalpen tost, haben sich ihre Spuren tief in den Fels gegraben. Dem Sausen und Brausen des wild schäumenden Wassers in der 16 Kilometer langen Schlucht zwischen Admont und Hieflau hat die gesamte Region ihren Namen zu verdanken. Wir befinden uns im Gesäuse oder, wie man es hier nennt, im Xeis. Eindrucksvoll ragen die schroffen Felswände bis zu 1.800 Meter in die Höhe. Nur noch in diesem Abschnitt zeigt die Enns, die andernorts verbaut ist, ihr ursprüngliches Gesicht, das erhalten werden soll. Seit 2002 gibt es den Nationalpark Gesäuse. Das ist nicht nur Ehre, sondern auch Verpflichtung zu Naturschutz, Bewahrung der Artenvielfalt und wissenschaftlicher Forschung. Den Besuchern soll er zudem Erholung und einzigartige Naturerlebnisse bieten sowie zur Natur- und Umweltbildung beitragen. Etwa in der Forschungswerkstatt im Weidendom oder in der Geologie-Ausstellung im Pavillon Gstatterboden.

Weil gerade Brunftzeit ist, haben wir uns online zum ›Hirschlos'n‹ angemeldet (www.nationalpark.co.at/Veranstaltungen). Pünktlich um 16 Uhr treffen wir Berufsjäger Hans am vereinbarten Ort. Zu Fuß folgen wir ihm durch den engen, steilen Hartelsgraben, begleitet vom Bach mit seinen malerischen Stürzen. Irgendwann biegt der Hans ab. Möglichst lautlos bewegen wir uns weiter durch den Bergwald, über Stock und Stein. Plötzlich ein lautes Röhren, gefolgt von der Antwort eines Artgenossen. Hans weist uns leise an, ihm zu folgen. Und da! Ein mächtiger Rothirsch setzt auf der nahen Lichtung weitere Brunftschreie ab. Sein Konkurrent nimmt kein Blatt vor den Mund, lässt sich nicht einschüchtern. Mit enormer Wucht krachen die Geweihe zusammen. Gespannt sehen wir beim Kampf um den Harem zu, den der Platzhirsch schlussendlich gewinnt. Der Rest ist nicht jugendfrei.

Wanderer, Kletterer, Mountainbiker, Wassersportler, Schitourengeher und Naturfotografen finden im Nationalpark Gesäuse ein Paradies vor. Nehmen Sie Rücksicht auf die Natur!

HOCHSTEIERMARK

BURG OBERKAPFENBERG /// SCHLOSSBERG 1 /// 8605 KAPFENBERG ///
(00 43) 0 38 62 / 2 73 09 /// WWW.NARRENFREIHEIT.AT ///

SO WARN'S, DIE ALTEN RITTERSLEUT

Burg Oberkapfenberg

42

Weithin sichtbar thront die mächtige Burg Oberkapfenberg über der Mürztaler Stadt Kapfenberg und zeugt von alten, nicht ganz so guten Zeiten. Wie mühsam muss es vor über 700 Jahren gewesen sein, das Baumaterial für eine solche Festung hier heraufzutransportieren, fragen wir uns, als wir den kurvenreichen Schlossberg bequem mit dem Auto erklimmen.

Nach der Begrüßung im lauschigen Burginnenhof erwartet uns eine Führung durch die 1984 aufwändig restaurierten historischen Gemäuer, die mit einer multimedialen Zeitreise beginnt. Aus einem riesigen virtuellen Buch erfahren wir, dass die Burg dem Herrschergeschlecht der Stubenberger im Jahr 1217 als Ausgangspunkt für ihren Kreuzzug in den Vorderen Orient diente. Dann tauchen wir in die geheimnisvolle Welt der Alchemisten ein und bestaunen den einzigen vollständig erhaltenen Probierofen in Europa, in dem im 17. Jahrhundert versucht wurde, Silber und Gold herzustellen. Kinder können im Alchemistenlabor Geheimzeichen entschlüsseln und den ›Stein der Weisen‹ finden. Oder auf der Burg unvergessliche Kindergeburtstage mit Ritter- und Rätselspielen, ritterlichen Namen und Gewändern feiern.

Auch große Kinder dürfen sich hier austoben. Ritterspiele, Armbrustschießen, Ritteressen, mittelalterliche Gewandung, Rüsten und Tanzvorführungen stehen auf dem Programm der Erlebnisburg. Alljährliche Fixpunkte sind das Hexenfest im April mit Feuershow, Bauchtanz, Hexenmarkt und Wahrsagerei sowie das zweitägige Ritterfest, das im Juni mit Ritterkämpfen, Bogenschützen, Musik und Tanz Tausende Besucher anlockt (www.ritterfest.net).

Unsere Führung endet in der Verspruchkammer, in der standesamtlich getraut oder Ehegelübde erneuert werden, worauf wir angesichts des Keuschheitsgürtels an der Wand zur Rechten und der Fußfessel zur Linken dann doch lieber verzichten.

In der Falknerei lassen sich 16 Greifvogelarten bei spektakulären Flugvorführungen und in artenschutzgerechten Volieren beobachten. Burgschenke und Gasthaus laden zur Stärkung ein.

STADTNACHRICHTEN LIEST DER BRUCKER BÜRGER AUF DEM HAUPTPLATZ.

TOURISMUSVERBAND BRUCK AN DER MUR ///
KOLOMANN-WALLISCH-PLATZ 1 /// 8600 BRUCK AN DER MUR ///
(00 43) 0 38 62 / 89 01 20 /// WWW.TOURISMUS-BRUCKMUR.AT ///

BRÜCKE ZWISCHEN GESTERN, HEUTE UND MORGEN

Altstadt Bruck an der Mur

43

Wo die Mürz in die Mur mündet, besuchen wir einen der ältesten besiedelten Orte des Landes. Um dorthin zu gelangen, passieren wir das neue Wahrzeichen der Stadt: die ›Europabrücke – Brucker Harfe‹, deren Doppelname in einer öffentlichen Ausschreibung gefunden wurde. Die in Form und (blauer) Farbe auffällige Stahlbogenbrücke prägt das moderne Stadtbild von Bruck an der Mur, das vor Wien und lange vor Graz erstmals 860 nach Christus namentlich erwähnt wurde – als karolingischer Herrenhof des Salzburger Erzbistums ›ad pruccam‹. Von blühenden Epochen einer ehemals bedeutenden Handelsstadt und düsteren Kapiteln der Geschichte wie Hochwasser, Feuer und Pest zeugen zahlreiche historische Plätze und Gebäude.

Sein mediterranes Flair hat der weitläufige autofreie Hauptplatz (benannt nach dem unter Dollfuß hingerichteten Arbeiterführer Koloman Wallisch) Bauwerken wie dem prunkvollen spätgotischen Kornmesserhaus mit seinen venezianischen Fassadenelementen zu verdanken. Weitere Attraktionen am Hauptplatz, die man gesehen haben sollte, sind der Eiserne Brunnen im Renaissancestil, eine der bedeutendsten Schmiedeeisenarbeiten der Steiermark, die Mariensäule, das Apothekerhaus mit zweigeschossigen Säulenarkaden im Innenhof, das Rathaus – eine architektonische Fusion aus Alt und Neu – und dahinter die Stadtpfarrkirche. Von der stolzen Burg Landskron, die einst über Bruck wachte, ist nach dem verheerenden Brand 1792 nur noch der Uhrturm, ein Stadttor, übrig. Dennoch lohnt sich ein Spaziergang zur Ruine am Schlossberg, allein schon, um die fantastische Aussicht zu genießen. Unser Lieblingslokal für genussvolle Abende befindet sich in der Schiffgasse 5: Die Weinerei überzeugt mit Spitzenweinen, kleinen Köstlichkeiten, entspannter Atmosphäre und freundlich kompetentem Service (0664/1126608).

Einen Ausflug wert: Naturschutzzentrum Weitental mit Auffangstation für geschützte Wildtiere, geomantischem Weg und Waldschule. www.naturschutzzentrum.at

TOURISMUSVERBAND TRAGÖSS-GRÜNER SEE /// OBERORT 88 ///
8612 TRAGÖSS /// (00 43) 0 38 68 / 83 30 ///
WWW.TRAGOESS-GRUENERSEE.AT ///

EIN JUWEL DER NATUR

Grüner See Tragöß

44

Smaragdgrün, an manchen Stellen türkisfarben wie das Karibische Meer, liegt er von uns, ein Naturjuwel der besonderen Art am Fuße des Hochschwabmassivs. Noch spiegeln sich Himmel und Wolken, Nadelbäume und Berge in der Oberfläche des Grünen Sees. Doch das launische Gewässer hat viele Gesichter. Sein Wasserstand ist von der Jahreszeit und von Niederschlägen abhängig. Im Winter ist vom See nur noch eine große Pfütze übrig. Erst im Frühjahr, wenn die Schneeschmelze auf den umliegenden Bergen einsetzt, füllt er sich wieder mit frischem Quellwasser. Manchmal steht das Wasser bis zu elf Meter hoch, sodass der Schotterweg am Ufer im Grünen See versinkt. Dann gehören auch die Bänke, die sonst zum Verweilen und Innehalten einladen, und der Holzsteg den Tauchern, die den Grünen See vor allem wegen der enormen Sichtweite (bis zu 50 ungetrübte Meter) im kristallklaren Wasser schätzen.

So gern wir an diesem warmen Sommertag in die Naturschönheit eintauchen würden, zum Schwimmen eignet sich die Wassertemperatur, die auch zu dieser Jahreszeit keine zehn Grad Celsius beträgt, nur für Enten und Forellen, die den See bevölkern. Apropos Forellen: Die werden im Frühjahr hier ausgesetzt und können ab Juni geangelt werden. Fangtage und Preise für Tagesfangkarten und Beute erfahren Sie im Büro des Tourismusverbandes Tragöß.

In himmlischer Ruhe umrunden wir den Grünen See zu Fuß, nur vom Zwitschern der Vögel begleitet. Die Seele kann in dieser Idylle aufatmen, der Geist neue Energie tanken. Doch auch der Körper verlangt irgendwann nach einer Stärkung. Und so kehren wir beim Seehof, direkt an der Tauchereinstiegsstelle gelegen, auf eine resch gebratene Gebirgsforelle und einen herzhaften Grammelstrudel ein. Die zugeführten Kalorien werden wir am Nachmittag bei einem Tennismatch im nahen Unterort wieder los.

Um das Unterwasserparadies erkunden zu können, benötigen Sie einen gültigen Taucherausweis und eine Tauchkarte, erhältlich beim Tourismusverband und im Seehof am See.

TOURISMUSVERBAND LEOBEN /// PETER-TUNNER-STRASSE 2 ///
8700 LEOBEN /// (00 43) 0 38 42 / 4 81 48 ///
WWW.TOURISMUS-LEOBEN.AT ///

GLÜCK AUF!

Altstadt Leoben

45

Nicht neu, aber immer wieder zum Schmunzeln: Leoben ist die einzige Stadt, in deren Namen alle Vokale hintereinander vorkommen. Zumindest, wenn man sie Steirisch ausspricht – Laieoubn. Probieren Sie es laut aus, und schon haben Sie den ›Sound of Styria‹ drauf. Dass in der zweitgrößten Stadt der Steiermark tatsächlich viel steckt, wird bei einem Spaziergang klar, wobei die Eisen- und Schwerindustriemetropole auf den ersten Blick keineswegs als solche zu erkennen ist. Die Lage an der Murschleife, eingebettet zwischen Wäldern, darf getrost als malerisch bezeichnet werden, ebenso die gut erhaltene Altstadt.

Das Kultur-Quartier Leoben spiegelt den Charakter der Stadt vortrefflich wider. Im ehemaligen Jesuitenkolleg mit Zubau aus dem Jahr 2004 ist das MuseumsCenter untergebracht, das auf ›Schienen in die Vergangenheit‹ 2000 Jahre regionale Geschichte aufrollt. Unmittelbar daneben, in der modernen Kunsthalle, werden wechselnde kulturhistorische Ausstellungen präsentiert (Kirchgasse 6, www.museumscenter-leoben.at). Historischem und Zeitgenössischem begegnen wir auch am Hauptplatz, der von stattlichen Häusern wie dem reichlich verzierten Hacklhaus, dem Alten Rathaus und dem Gasthaus Schwarzer Adler gesäumt wird. Zwischen all der geschichtsträchtigen Bausubstanz, zu der auch Bergmanns- und Engelsbrunnen zählen, findet sich ein gläserner Eingang zum Einkaufszentrum, das im hinteren Bereich ins ehemalige Dominikanerkloster integriert ist. Zum ältesten Kloster des Landes ist es nicht weit. Im Stadtteil Göss, wo dereinst Nonnen ihr Bier brauten, firmiert heute die bekannte Gösser Brauerei mit sehenswertem Brauereimuseum (www.goesser.at).

Dass das Leben in der Bezirksstadt pulsiert, ist vor allem den zahlreichen Studenten aus Nah und Fern zu verdanken, die an der renommierten Montanuniversität Leoben studieren.

Einen Rundumblick über die Stadt verschaffen Sie sich vom Schwammerlturm aus. Mit seinem pilzartigen Dach ist das mittelalterliche Stadttor eines der Wahrzeichen.

VEREIN STEIRISCHE EISENSTRASSE /// FREIHEITSPLATZ 1 ///
8790 EISENERZ /// (00 43) 0 38 48 / 36 00 ///
WWW.EISENSTRASSE.CO.AT/PORTAL ///

DEN BERGMÄNNERN AUF DER SPUR

Steirische Eisenstraße

7/11

Unzählige montanhistorische Relikte bezeugen, dass das Gebiet um den Erzberg seit etlichen Jahrhunderten vom Erzabbau geprägt ist. Und auch heute noch wird ganzjährig im wesentlichen Siderit (Eisenspat) gefördert. Um Vergangenheit und Gegenwart von Abbau und Verhüttung für die Besucher erlebbar zu machen, haben sich die Gemeinden der Region zur Steirischen Eisenstraße zusammengeschlossen. Das Herzstück, den Erzberg, muss man gesehen haben. Von außen und innen, von nah und fern. Mit seinen Stufen, die sich den Berg hochschlängeln, präsentiert er sich inmitten der bewaldeten Gebirgslandschaft als ungewöhnlicher Anblick. Eine besonders eindrucksvolle Perspektive lockt auf die Präbichl-Aussichtswarte an der B115 und zum Buffet Eisenerzblick (Am Schafriedel, 8794 Vordernberg). Spätestens hier erschließt sich dem Betrachter, warum der ›Steirische Brotlaib‹, der die Region Jahrhundertelang ernährte, auch ›Steirische Pyramide‹ genannt wird.

Am Südrand der pittoresken Industriestadt Eisenerz, die (wie Radmer an der Eisenstraße) bei der Verfilmung des Krimis ›Steirerblut‹ als Kulisse diente, gelangt man ins Schaubergwerk. Die Stollenbahn Katl fährt uns in den Berg, vorbei an Werkzeugen, Maschinen und Schächten, die vom mühsamen Leben der früheren Bergleute berichten. Die Geschichte des Erzbergs und die Sage des Wassermanns, der den Bergleuten für seine Befreiung aus dem Leopoldsteinersee ›Eisen auf immerdar‹ versprach, erleben wir dank Multimediatechnik genauso hautnah mit wie die Sprengung von 60 Tonnen Gestein.

Auf den Berg geht's mit dem 860 PS starken Hauly, einem umgebauten Schwerlastkraftwagen, der in seiner Mulde 64 Personen über die Stufen des Erzbergs befördern kann (www.abenteuer-erzberg.at). Noch abenteuerlicher wird es im Juni, wenn waghalsige Offroad-Motorradfahrer aus aller Welt beim Erzbergrodeo vier Tage lang Gas geben und die Zuschauer begeistern.

Zum schönsten Erzbergblick schaukeln Sie ganz gemütlich mit dem Sessellift auf den Polster, wo markierte Wege zu unvergesslichen Wanderungen einladen.

TOURISMUSVERBAND MARIAZELLER LAND /// HAUPTPLATZ 13 ///
8630 MARIAZELL /// (00 43) 0 38 82 / 23 66 ///
WWW.MARIAZELL-INFO.AT ///

BESUCH BEI DER GROSSEN MUTTER

Mariazell

46

Obwohl jährlich über eine Million Pilger und Touristen den bedeutendsten Wallfahrtsort in Österreich besuchen, finden wir Mariazell beinahe menschenleer vor. Vermutlich liegt es daran, dass die Sonne an diesem heißen Junitag schon recht tief steht und die Basilika geschlossen ist. Ebenso wie die zahlreichen Standln, die zu Geschäftszeiten Devotionalien und Mariazeller Spezialtäten wie Lebkuchen, Liköre, Kräuterbitter und Schnäpse anbieten. Dafür wirkt die mit ihren drei Türmen unverwechselbare Basilika im Abendlicht noch erhabener als sonst – wohl auch, weil wir über die Treppe zu ihr emporsteigen.

Die Legende berichtet von einem Wunder und einem dankbaren Mönch, der hier 1157 eine Zelle für seine geliebte aus Lindenholz geschnitzte Marienstatue errichtete. Exakt an dieser Stelle soll sich der Altar der Gnadenkapelle innerhalb der Basilika befinden. Maria in der Zelle gab dem Ort seinen Namen und wurde zum berühmten Gnadenbild. Heute noch wird sie als ›Große Mutter Österreichs‹, ›Mutter der slawischen Völker‹ und ›Großherrin der Ungarn‹ verehrt. So verwundert es uns auch nicht weiter, dass wir im Hotel mit k.u.k. Charme von einem freundlichen Ungarn empfangen werden.

Neu ist für uns das Europeum, ein modernes Kongress- und Veranstaltungszentrum inmitten der Altstadt, mit riesiger Panoramaterrasse und herrlichem Bergblick. Ebenfalls in der Wiener Straße: Das Heimatmuseum und die Talstation der Seilbahn, die auf die Bürgeralpe führt. Im Sommer locken barrierefreie Wanderwege und die ›Bergwelle‹ mit ihrem abwechslungsreichen Konzertprogramm auf den Mariazeller Hausberg. In der Erlebniswelt Holzknechtland werden Groß und Klein in den Tagesablauf der früheren Holzarbeiter eingebunden. Zum Wintervergnügen rufen Skipisten aller Schwierigkeitsgrade, ein Boarderpark und eine Rodelbahn (www.mariazell-buergeralpe.at).

Nostalgische Fahrten erleben Sie mit der Dampftramway zum Erlaufsee (siehe nächste Seite) und mit dem Dampfzug der Mariazeller Bahn. www.mariazellerbahn.at

STRANDBUFFET ERLAUFSEE /// ERLAUFSEESTRASSE 74 ///
8630 MARIAZELL/ST. SEBASTIAN /// (00 43) 06 76 / 9 36 23 99 ///
WWW.ERLAUFSEE-STRANDBUFFET.AT ///

DA KOMMT URLAUBSSTIMMUNG AUF

Erlaufsee

47

Dass der Erlaufsee zu den Top-Ausflugzielen des Landes zählt, liegt nicht nur an der Nähe zum meistbesuchten Platz der Steiermark, Mariazell. Etwa drei Kilometer trennen den beliebten Wallfahrtsort vom glasklaren Bergsee mit Trinkwasserqualität, der im Sommer mit 19 bis 22 Grad Celsius zum erfrischenden Gratis-Bad einlädt. Nur fürs Parken zahlt man eine zeitabhängige Gebühr (Euro-Münzen!). Einmal in den See eingetaucht, gelangen wir vom Südufer nach einigen Schwimmzügen nordwärts nach Niederösterreich. Wir kehren zurück in die Steiermark, und lassen uns am Kieselstrand von der Sonne trocknen. Wem das zu hart ist, der entspannt auf der Liegewiese.

Hungrigen empfehlen wir, eine knusprig gebratene Seeforelle auf der Terrasse des Strandbuffets zu probieren. Wer sich seinen Fisch – von Seesaibling über Reinanke, Seeforelle, Bachforelle (durch den See fließt die Erlauf) bis hin zu Rotauge, Schleie oder Hecht – selbst angeln möchte, ist hier ebenfalls herzlich willkommen. Anglerkarten sind an der Bootskassa erhältlich, ebenso wie Elektro-, Ruder- oder Tretboote, die hier verliehen werden. Für Kinder gibt es eine Wasserrutsche und einen Spielplatz, für Taucher eine Tauchschule und ein sehr beliebtes Tauchrevier am westlichen Ufer, das wegen seines Fischreichtums, der Unterwasser-Bäume und -gartenzwerge (!) interessant ist. Achtung: Für Tauchgänge ist eine gültige DiveCard (auch bei Harrys Tauchschule am See erhältlich) oder eine aktuelle TSVÖ-Mitgliedschaft erforderlich (www.tauchschule.co.at).

Kletterbegeisterte finden im nahen Hochseilgarten drei Parcours in unterschiedlichen Schwierigkeitsgraden (www.gumpi-sports.com). Campingfans werden sich auf dem kleinen, idyllisch gelegenen Platz mit Alpenpanorama, keine 100 Meter vom See entfernt, bestimmt wohlfühlen (Erlaufseestraße 3, 8630 St. Sebastian; Campingwart: 03882/4937).

☞ An Sommerwochenenden fährt die historische Museumstramway im Halbstundentakt vom Bahnhof Mariazell zum Erlaufsee und wieder zurück. www.museumstramway.at

TOURISMUSVERBAND HOCHSCHWAB /// KASSECKER PLATZL 50 A ///
8623 AFLENZ /// (00 43) 0 38 61 / 37 00 ///
WWW.REGIONHOCHSCHWAB.AT ///

AN DER QUELLE DES LEBENS

Steirische Wasserstraße

Es plätschert und rauscht, es braust und tost. In der wasserreichsten Region Mitteleuropas, den steirisch-niederösterreichischen Kalkalpen, ist der Lebensstoff allgegenwärtig – als Quelle, Wildwasser, Wasserfall und See.

Die wertvollen Quellen, die ganz Wien und halb Graz mit Trinkwasser versorgen, entspringen im Hochschwabgebiet. Es handelt sich also um kristallklares steirisches Quellwasser – bis zu 217 Millionen Liter täglich –, das aus dem Salzatal in 36 Stunden über die fast 200 Kilometer lange II. Wiener Hochquellenwasserleitung ohne eine einzige Pumpe in die Bundeshauptstadt fließt, um dort, wie es sich gehört, zur Melange gereicht zu werden. Dass das kostbare Nass von höchster Qualität auch in WC-Spülungen und zum Autowaschen verwendet wird, während anderswo Menschen verdursten, ist eine andere Geschichte. Doch zurück zur Steirischen Wasserstraße.

Ziel des gleichnamigen Vereins ist es, den Menschen die Bedeutung des Wassers bewusst zu machen und näherzubringen. Aus touristischer Sicht heißt das, dass sich der Mensch der Wasserstraße nähern muss, möchte er dort baden, fischen, Kajak oder Kanu fahren, raften oder eisklettern. Für Spaziergänge eignet sich die waldreiche Alpenregion ebenso wie zum Jagen und für anspruchsvolle Wanderungen, etwa auf den 2.277 Meter hohen Hochschwab, der für seine Blütenpracht von Edelweiß bis Frauenschuh sowie für seine Gämsen- und Adlerpopulation bekannt ist. Bei schlechtem Wetter sollte man den ›Schwab'n‹ lieber meiden und stattdessen das Museum HochQuellenWasser in Wildalpen besichtigen, das wie der größte Teil des Quellgebiets im Besitz der Stadt Wien ist (www.wien.gv.at/wienwasser/wildalpen). Auch das Hochschwabmuseum in der Bodenbauerkeusche, das von St. Ilgen aus mit der Pferdekutsche besucht werden kann, ist sehenswert (www.bodenbauer.com, www.hochschwabmuseum.at).

☞ Die 55 Kilometer lange Salza Wildwasserstrecke ist ein unverbautes, ganzjährig befahrbares Paradies mit verschiedenen Schwierigkeitsgraden. www.wildalpen.at

NEUBERGER MÜNSTER / NATURPARK MÜRZER OBERLAND TOURISMUSBÜRO /// HAUPTPLATZ 9 /// 8692 NEUBERG AN DER MÜRZ /// (00 43) 0 38 57 / 83 21 /// WWW.MUERZEROBERLAND.AT ///

DER DOM IM DORF

Neuberger Münster – Neuberg an der Mürz 48

Mitten im idyllischen Naturpark Mürzer Oberland gelegen, überrascht uns der kleine Ort Neuberg an der Mürz mit monumentaler mittelalterlicher Pracht. Die Gründung des früheren Zisterzienserklosters (1327) mit wuchtiger gotischer Kirche ist dem Habsburger Herzog Otto dem Fröhlichen zu verdanken, dessen sterbliche Überreste unter dem Kapitelsaal ruhen. Der Dachstuhl des Hallenkirchenbaus stammt aus dem 15. Jahrhundert und gilt als eindrucksvolles Beispiel gotischer Baukunst. Immerhin wurden hier 1.100 Quadratmeter Lärchenholz ohne einen Eisennagel verarbeitet. Auch der Kreuzgang des Münsters ist als einziger komplett erhaltener gotischer in der Steiermark etwas Besonderes. Näheres erfahren Sie bei einer fachkundigen Führung (Anmeldung im Tourismusbüro).

Hoch her geht es bei den Neuberger Kulturtagen und beim Neuberger Herbst, die alljährlich im Juli beziehungsweise September stattfinden. Neben dem Münster eignet sich vor allem der ehemalige Schlafsaal der Mönche, das Dormitorium, dank hervorragender akustischer Bedingungen für Musik- und Gesangsdarbietungen sowie für Lesungen und Vorträge renommierter Künstler aus dem In- und Ausland. Im Frühjahr bringt Sie der Neuberger Kabarettfrühling zum Lachen.

Das Naturmuseum im Stift zeigt eine umfassende Sammlung von Tierpräparaten und Trophäen aus dem Alpenraum sowie Raritäten von anderen Kontinenten. An sonnigen Nachmittagen und lauen Abenden lädt die Terrasse des Café im Stift zum anschließenden Chillen ein. An kühleren Tagen lässt es sich drinnen gemütlich entspannen.

Wer an diesem ganz speziellen Wohlfühlort länger bleiben oder die Wallfahrt ins relativ nahe Mariazell unterbrechen möchte, kann im Hotel Stiftshof vis-à-vis unterkommen. Mit seiner bunten Fassade, die fast von Friedensreich Hundertwasser stammen könnte, ist das Haus nicht zu übersehen (www.stiftshof.at).

Eine Mönchstradition lebt in der Kaiserhof Glasmanufaktur im Stift weiter. Einfach zusehen oder die eigene Pflanzenkugel blasen. www.kaiserhof-glas.at

ROSEGGERS WALDSCHULE /// ALPL 2 /// 8671 ALPL ///
(00 43) 0 38 55 / 82 38 /// WWW.WALDHEIMAT.AT ///

PETER ROSSEGGERS GEBURTSHAUS /// ALPL 42 /// 8671 ALPL ///
(00 43) 0 38 55 / 82 30 ///

LITERATOUR IN ROSEGGERS WALDHEIMAT

Alpl – Krieglach

49

Was für steirische Schulkinder Pflicht ist, holen wir heute mit großem Vergnügen nach. Wir begeben uns auf die Spuren des wohl berühmtesten steirischen Volksdichters Peter Rosegger. Der Weg führt uns zuerst nach Alpl, wo der schon zu Lebzeiten (1843–1918) erfolgreiche und sozial engagierte Schriftsteller die Errichtung der Waldschule für die Bauernkinder seiner Heimat initiierte. Die Spendengelder, mit denen er den Hausbau finanzierte, lukrierte er hauptsächlich durch Spendenaufrufe in seiner Zeitschrift ›Heimgarten‹, wie schon zuvor für die evangelische Heilandskirche in Mürzzuschlag. 70 Jahre lang wurde in der idyllisch am Weitwanderweg 06 (Mariazellerweg) gelegenen Waldschule unterrichtet. Heute ist sie ein Museum, in dem die alten Räume im Originalzustand erhalten sind. In der früheren Wohnung des Waldschulkustoden ist das Österreichische Wandermuseum untergebracht, das die Wanderkultur einst und jetzt beleuchtet. Eine weitere Ausstellung widmet sich historischen Holzbearbeitungswerkzeugen.

Zu Fuß geht es durch den Wald zur zweiten Rosegger-Gedenkstätte weiter. Nach einer halben Stunde erreichen wir den Vorderen Kluppeneggerhof, das Geburtshaus und den Nabel der Waldheimat. Lage und Aussicht sind wahrlich inspirierend. Das kärglich ausgestattete Wohnhaus wirkt auf uns beklemmend. Dafür werden hier Roseggers Kindheitserinnerungen als Waldbauernbub umso lebendiger.

Unsere letzte Station lautet Krieglach, wo wir jenes Landhaus besuchen, das Rosegger nach eigenen Entwürfen für sich und seine Familie hatte erbauen lassen. Die Ausstellungsräume im Erdgeschoss des heutigen Rosegger-Museums dokumentieren Leben und Werk des Schriftstellers, der zweimal für den Literaturnobelpreis nominiert war. Im ersten Stock liegen sein Sterbezimmer und der Arbeitsraum, die so erhalten sind, wie er sie verlassen hat (Roseggerstraße 44).

Besuchen Sie das legendäre Gasthaus, das Peter Roseggers bester Freund, der Skipionier und Künstler Toni Schruf, auf dem Bärenkogel erbaute. www.baerenkogel.com

WIRTSHAUS STEIRERECK /// POGUSCH 21 /// 8625 TURNAU ///
(00 43) 0 38 63 / 20 00 /// WWW.STEIRERECK.AT/POGUSCH ///

GRIASS DI!

Pogusch

50

Lust auf eine romantisch-kulinarische Landpartie vom Feinsten? Dann sind Sie am Pogusch richtig. Den nötigen Appetit holen Sie sich am besten bei einer leichten Wanderung am Bründlweg, der zehn Kilometer rund um den 1.056 Meter hohen Pass führt. Parkplatz und Einstieg zum gut beschilderten Weg sind beim Wirtshaus Steirereck zu finden, in das wir später zurückkehren. Weiter geht es durch Wälder, über Wiesen, die Panoramastraße entlang, über Almen, vorbei an Höfen und Jausenstationen, die mit herrlichen regionalen Schmankerln zur Einkehr locken. Belohnt werden Sie unterwegs auch mit grandiosen Ausblicken ins Mürz- und Murtal und zum Hochschwab.

Nach dreieinhalb Stunden Gehzeit freuen wir uns aufs Wirtshaus Steirereck (unbedingt reservieren!), das urige Gemütlichkeit mit ländlich-gediegenem Ambiente verbindet und Steirische Küche auf höchstem Niveau bietet. Den Wirt darf man getrost als Marketinggenie bezeichnen, gelingt es Heinz Reitbauer senior doch seit Jahrzehnten, auch die verwöhntesten Gaumen, selbst aus der fernen Bundeshauptstadt und von noch weiter weg regelmäßig anzulocken. Doch auch wer nicht mit dem teuren Sportwagen vorfährt oder am Helikopter-Platz fast vor der Haustür landet, kann hier Bodenständig-Exzellentes in frischer Bioqualität aus hauseigener Produktion und aus der Umgebung genießen. Die Preise sind für das, was hier geboten wird, angemessen, wenngleich sie mit Wirtshauspreisen genauso wenig zu tun haben wie das Steirereck mit einem einfachen Landgasthaus, das es bei seiner Gründung 1616 vielleicht einmal war.

Am besten gefällt uns das Restlessen am Sonntag ab 20.00 Uhr, bei dem verwertet wird, was in der Küche übrig ist. Das ist nicht nur moralisch lobenswert, sondern auch eine willkommene Überraschung. Romantisch genächtigt werden kann im umgebauten Stall, in der Stub'n oder in den Hütten.

Ein Naturerlebnis der besonderen Art verspricht der längste Barfußweg Europas. www.bruendlweg.at

OSTSTEIERMARK

TOURISMUSVERBAND HARTBERG /// ROCHUSPLATZ 3 ///
8230 HARTBERG /// (00 43) 0 33 32 / 6 65 05 -0 ///
WWW.HARTBERG.AT ///

VERGANGENHEIT TRIFFT ZEITGEIST

51

Hartberg

Die Bezirksstadt Hartberg blickt auf eine lange, bewegte Geschichte zurück, die bis zur Siedlung am nahen Ringkogel aus der Jungsteinzeit reicht. Gegründet um 1125 durch Markgraf Leopold I. von Steyr als erste Traungauer Pfalz auf steirischem Boden, hielt sie späteren Anstürmen und Brandschatzungen durch feindliche Ungarn, Türken und Haiducken so weit stand, dass die Altstadt heute noch zu den besterhaltenen der Steiermark zählt. Die mittelalterlichen Stadtmauern mit dem Reckturm, dem einstigen Gefängnis, erstrecken sich im Westen und führen zur alten Burg, die später zum Schloss ausgebaut und mehrmals erweitert wurde. Vom Schlosspark durch das Tor in Richtung Hauptplatz sollten historisch Interessierte in der Herrengasse 6 innehalten und das Stadtmuseum im Steinpeißhaus besuchen.

Der weitläufige Hauptplatz ist vom Rathaus, der Apotheke mit ihrem barocken Portal und der ebenfalls barocken Pfarrkirche St. Martin nebst sehenswertem romanischem Karner geprägt.

Bei aller großen Vergangenheit zeigt sich die Stadt lebendig und modern. Selten sind wir so vielen jungen Menschen begegnet wie in Hartberg, während andere historisch bedeutende Orte oft wie ausgestorben wirken. Einen weiteren Beweis für blühenden Zeitgeist liefert der Ökopark Hartberg mit seinem Erlebnispark, der ökologische und naturwissenschaftliche Themen spielerisch und interessant für Jung und Alt vermittelt. In der Sternwarte können eindrucksvolle Reisen durchs Universum unternommen, im Maxoom faszinierende Naturfilme auf Österreichs größter Kinoleinwand bestaunt werden. Der Klimaturm macht die Auswirkungen des globalen Temperaturanstiegs spürbar, die Mineralienwelt beleuchtet die Bausteine unseres Planeten.

Dass sich die Stadt der nachhaltigen Lebensqualität verschrieben hat, beweist auch die Aufnahme als internationale Città Slow (www.cittaslow.info).

Besuchen Sie den Ringkogel mit seinem keltischen Ringwall. Von der Ringwarte genießen Sie einen einzigartigen Rundblick über das oststeirische Hügelland.

TOURISMUSREGION APFELLAND STUBENBERGSEE ///
STUBENBERG AM SEE 5 /// 8223 STUBENBERG AM SEE ///
(00 43) 0 31 76 / 88 82 /// WWW.APFELLAND.INFO ///

ZU WASSER, ZU LAND UND IN DER LUFT

Stubenberg am See

52

Den Beinamen ›am See‹ trägt das malerische Örtchen Stubenberg, das im sanft-hügeligen Apfelland und an der Schlösserstraße liegt, seitdem 1971 die Feistritz gestaut wurde und ein 40 Hektar großer Badesee entstand. Hier kommen nicht nur Badegäste auf ihre Rechnung, die warmes Wasser lieben. Tretboote, Surf- und Segelschule und ein Elektro-Ausflugsschiff bieten Spaß und Erholung. Eine Wasserrutschbahn, zwei Spiel-, Sport- und Freizeitzentren, zwei Kindererlebnisanlagen und ein Skatepark sorgen dafür, dass bei niemandem Langeweile aufkommt. Außer bei Hunden – die müssen dem Sport- und Freizeitpark Stubenbergsee leider fernbleiben. Alle anderen lädt ein etwa drei Kilometer langer Rundweg zum Spazieren, Joggen oder Skaten, Tennis- und Beachvolleyballplätze zum Spielen ein.

Der großzügig angelegte Campingplatz lässt das Herz eines jeden Campingfans höherschlagen. Genächtigt werden kann aber auch im Seehotel oder in der Seepension. Das kulinarische Angebot ist ebenfalls breit gefächert: Von der Erfrischung in der Beach-Bar bis zum Abendmenü im Restaurant findet sich hier für jeden Geschmack und jede Gelegenheit etwas Passendes.

Wir wohnen, diesmal ganz mondän, im Schloss Stubenberg im Ort. Der nahen Nikolauskirche statten wir ebenso einen Besuch ab wie dem nur wenige Kilometer entfernten Schloss Schielleiten, in dem ein Bundessport- und Freizeitzentrum untergebracht ist. Von hier aus startet der Heißluftballon, der mit uns eineinhalb Stunden lang über das bezaubernde Steirische Apfelland fährt. Sekttaufe und Landejause dauern mindestens doppelt so lang (www.apfelwirt.at, 03176/8801).

Wer lieber festen Boden unter den Füßen oder einen Sattel unter dem Allerwertesten hat, kann die Region auch erwandern, per Drahtesel oder Pferd erkunden (www.apfelland-radwandern.com, www.michlhof.at). Zu entdecken gibt es allemal genug.

Traktorgaudi für Groß und Klein: Mit dem Panoramaanhänger geht es auf Entdeckungsreise durch das Apfelland. www.traktorgaudi.at, 0664/5313531

TIERWELT HERBERSTEIN STEIRISCHER LANDESTIERGARTEN ///
BUCHBERG 50 /// 8223 STUBENBERG AM SEE ///
(00 43) 0 31 76 / 8 07 77 -0 /// WWW.TIERWELT-HERBERSTEIN.AT ///

WILDTIERERLEBNIS HAUTNAH

Tierwelt Herberstein

53

Schon im 17. Jahrhundert fand Johann Maximilian I. Freiherr zu Herberstein heraus, dass sich die steilen Hänge der Feistritzklamm zwar nicht für die Landwirtschaft, jedoch umso besser für die Haltung von italienischem Damwild eigneten. Im 19. Jahrhundert wurde der Tierpark um ein Waldstück erweitert und um heimische Tierarten aufgestockt. Ende der 1960er-Jahre öffnete der private Park für Besucher. Als wahre Publikumsmagneten sollten sich exotische Tiere erweisen. Damals wurde hier auch der weltweit erste Beutesimulator für Geparden entwickelt.

Heute bietet der Steirische Landestiergarten seinen Bewohnern aus aller Welt nicht nur artgerechten Lebensraum, er nimmt auch seine Aufgaben zu deren Erhaltung und zum Schutz der Natur wahr. Die 180.000 Besucher, die der Zoo alljährlich anlockt, können hier über 130 Tierarten aus fünf Kontinenten hautnah beobachten, teilweise auch bei der Fütterung: von heimischen Luchsen über asiatische Hirschziegen-Antilopen, afrikanische Löwen und Geparden, australische Emus und Kängurus sowie amerikanische Polar- und Timberwölfe, um nur einige Arten zu nennen.

Für Kinder gibt es den Streichelzoo und pädagogisch geführte Abenteuerprogramme von der spannenden Schatzsuche bis zum lustigen Fährtenlesen sowie die Möglichkeit, Geburtstag in der Tierwelt zu feiern und Kaninchen, Zwergziegen, Enten, Hühner und Präriehunde zu adoptieren. Tierpatenschaften können um leistbare Beträge von Privatpersonen und Firmen übernommen werden.

Wo wir schon einmal hier sind, lassen wir uns auch das märchenhafte Schloss Herberstein, auf demselben Gelände unterhalb des Tierparks gelegen, nicht entgehen. Die prachtvollen Gartenanlagen, das Kunsthaus und das Gironcoli Museum sind absolut sehenswert. Wer dann noch nicht erschöpft ist, kann auf dem Rundweg ins romantische Feistritztal und wieder zurückspazieren.

Wie wär's mit einer Mondscheinführung durch den Zoo? Lauschen Sie dem Heulen der Wölfe und anderen tierischen Stimmen der Nacht. Nur zu Vollmond nach Anmeldung!

STEIRISCHE APFELSTRASSE /// PUCH NR. 100 /// 8182 PUCH BEI WEIZ ///
(00 43) 0 31 77 / 22 22 17 /// WWW.APFELSTRASSE.AT ///

MITTEN IM PARADIES

Steirische Apfelstraße im Apfelland

9/11

Eva hätte ihre wahre Freude an der Pracht der Früchte gehabt, die ihr auf der 25 Kilometer langen Apfelstraße zwischen Gleisdorf und Puch bei Weiz im Herbst entgegenleuchten. Vielleicht wären sie und Adam mit der Pferdekutsche oder dem Oldtimer-Traktor zu Obstbauern und Gaststätten gefahren, um dort frische Apfelgerichte wie Apfelschaumsuppe, Mostbraten oder Apfelstrudel und dazu Apfelsaft oder Most zu verkosten.

Auch im Frühjahr wäre Eva bestimmt in Verzückung geraten, wenn die zarten Blüten der Apfelbäume die sanfte, hügelige Landschaft in zauberhaftes Hellrosa tauchen. Das Apfelblütenfest, das am letzten Sonntag im April in Puch gefeiert wird, hätte sie sich keinesfalls entgehen lassen, um zur zünftigen Musi unter blühenden Bäumen ein Tänzchen mit Adam hinzulegen. Der hätte sich vermutlich am Abakus delektiert, dem weltbesten Apfelschnaps, der nach uraltem Ritual und geheimem Rezept von 15 ›Apfelmännern‹ in mittelalterlichen Mönchskutten als ›höchste Vergeistigung des Apfels‹ produziert wird. Jedes Jahr werden exakt 1.444 Flaschen vom oststeirischen Apfelbrand abgefüllt, die nicht mehr, aber auch nicht weniger als 104,44 Euro pro 0,75 Liter kosten.

Wer alles über die frisch-saftig-steirischen Äpfel erfahren möchte, die als Jonathan, Gala, Golden Delicious, Gloster, Idared, Elstar und viele mehr hier angebaut werden, besucht am besten das Obstbaumuseum Haus des Apfels (Harl 25, Puch). Im Abakus-Keller des Museums lagert übrigens auch der gleichnamige mystische Apfelschnaps, der hier gebrannt und verkauft wird. Mehr zur grandiosen ›Schnapsidee‹ auf www.abakus-puch.at.

Am dritten Sonntag im September wird mit der traditionellen Apfelstraßen-Erlebnisfahrt ein weiterer Höhepunkt im Apfeljahr gefeiert. Ein unvergessliches Erlebnis ist eine Ballonfahrt übers Apfelland. Reservierung beim Kirchenwirt in Puch: 03177/2247.

Vom 975 Meter hohen Kulm genießen Sie einen herrlichen Panoramablick. Mutige fliegen per Gleitschirm zurück ins Tal. Tandemflüge mit Pilot bei Fun2fly: 0664/7667105.

kunst
haus
weiz
SERVICECENTER FÜR TOURISMUS UND STADTMARKETING ///
HAUPTPLATZ 18 /// 8160 WEIZ /// (00 43) 0 31 72 / 2 31 96 60 ///
WWW.TOURISMUS-WEIZ.AT ///

KUNST, KULTUR, KULINARIK

Kunsthausviertel Weiz

54

Nur wenige Schritte vom Weizer Hauptplatz mit der Taborkirche, der Mariensäule und dem neobarocken Rathaus entfernt betreten wir das Kunsthausviertel, das sich über Elingasse, Bismarckgasse, Südtiroler Platz und Rathausgasse erstreckt. Hier lässt es sich shoppen, ohne erst Kilometerweit zur Grünen Wiese fahren zu müssen, und anschließend in einem der gemütlichen Gastgärten entspannen. Vor allem aber gibt es in dem überschaubaren Stadtviertel erstaunlich viel Kunst aller Sparten zu bewundern.

Das Kunsthaus mit der transparenten Glasfassade ist schon von außen ein Hingucker. Weil es seine historischen Nachbarn widerspiegelt, fügt es sich trotz des architektonischen Kontrasts harmonisch in die Altstadt ein. Im Erdgeschoss sind Geschäfte und Gastronomie, im Obergeschoss Ausstellungsflächen und der Veranstaltungssaal untergebracht, der nach dem großen Sohn der Stadt, benannt ist: dem Industriellen Frank Stronach, der als Multimilliardär aus Kanada heimkehrte und sich nunmehr der Politik widmet. Insgesamt stehen 1.800 Quadratmeter für Konzerte von Klassik bis Pop, Ausstellungen, Workshops, Lesungen und Theateraufführungen zur Verfügung. Im Hannes-Schwarz-Saal sind Bilder des bekannten Weizer Künstlers dauerhaft ausgestellt.

Rund fünfzehn Jahre länger steht Kunstschaffenden und Besuchern das Kulturzentrum Weberhaus am Südtirolerplatz offen. Der lauschige begrünte Innenhof wird im Sommer für Theaterstücke und kleine Konzerte, aber auch als Ruheoase genutzt. Ganzjährig bilden Café, Jazzkeller, Galerie, Bücherei und Ludothek den jeweiligen Rahmen für ein buntes Programm. Und weil so viel Kunst und Kultur hungrig macht, empfehlen wir, im ›Plotzhirsch‹ im Alten Rathaus einzukehren, dessen Interieur eindrucksvoll demonstriert, dass steirisch auch ganz schön stylish sein kann. Die bodenständige Küche zeigt sich ebenso heimatverbunden wie mediterran beeinflusst.

Jeden Mittwoch- und Samstagvormittag lockt der Bauernmarkt am Hauptplatz mit regionalen Köstlichkeiten wie etwa zartem Biofleisch vom Weizer Berglamm.

BAHNHOF WEIZ /// BAHNHOFSTRASSE 25 /// 8160 WEIZ /// (00 43) 0 31 72 / 22 30 -0 /// SERVICECENTER FÜR TOURISMUS UND STADTMARKETING WEIZ /// HAUPTPLATZ 18 /// 8160 WEIZ /// (00 43) 0 31 72 / 2 31 96 60 /// WWW.FEISTRITZTALBAHN.AT ///

»WÄHREND DER FAHRT KEINE BLUMEN PFLÜCKEN!«

Feistritztalbahn Weiz-Birkfeld

55

Ein kurzer Ruck, dann geht es los. Dampfend, schnaubend und pfeifend verlässt sie den Bahnhof Weiz wie anno dazumal: die Schmalspurbahn, die uns nach Birkfeld bringt. Eilig sollte man es nicht haben. Das Tempo, mit dem die alte Dampflok die Wagons aus der Gründerzeit samt Barwagen namens Bummelzugschenke hinter sich herzieht, ist alles andere als rasant.

Wir sitzen auf Holzbänken und fotografieren aus dem Fenster, obwohl es draußen wie aus Kübeln schüttet. Egal. Die Fahrt dient zumindest unserer Entschleunigung und ist auf alle Fälle ein außergewöhnliches Erlebnis, auch für nicht Ferrophile. Brauchbare Fotos von der Feistritztalbahn werden wir auch so auftreiben, um Ihnen einen repräsentativen optischen Eindruck liefern zu können. Stampfend macht sich die Lok daran, die erste Steigung zu bewältigen. Die barocke Weizberger Kirche mit ihrem prägnanten Doppelturm schiebt sich linker Hand in unser Blickfeld, ehe wir in den Wald eintauchen. Gemächlich schnauft der Oldtimerzug weiter durch die verregnete Landschaft über zahlreiche Brücken, Viadukte und durch Tunnels. Nach der Haltestelle Hart-Puch geht es bergab ins Feistritztal. In Anger hält der Zug planmäßig an, um Wasser zu tanken, bevor wir bergauf weiterbummeln. Das Tal wird enger und enger, bis wir fauchend in Koglhof einfahren. Dort verlassen uns einige Fahrgäste, um sich auf der nahen Sommerrodelbahn zu vergnügen. Nach zwei Stunden erreichen wir Birkfeld. Die Strecke zurück ist in etwa 70 Minuten deutlich schneller zu bewältigen.

Wir sehen uns erst einmal in der schmucken Marktgemeinde mit der Kirche St. Peter und Paul um. Schloss Birkenstein, das Mitte des 16. Jahrhunderts aus sechs Bürgerhäusern entstand, befindet sich in Privatbesitz und ist leider nicht zu besichtigen. Dann kehren wir halt im Birkfelderhof ein (Edelseestraße 43). Mahlzeit!

Fahrräder werden gratis befördert. Wie wäre es mit einer Radtour am Feistritztal-Radwanderweg, entlang der alten Bahnstrecke nach Ratten (18 Kilometer)?

DAS LEITPRODUKT DER REGION GRÜSST VOM UFER DES TEICHALMSEES.

TEICHALM – ALMENLANDBÜRO /// TEICHALM 100 /// 8163 FLADNITZ ///
(00 43) 0 31 79 / 23 00 00 /// WWW.ALMENLAND.AT ///

WILLKOMMEN IM NATURPARK ALMENLAND!

Teichalm

56

Es ist etliche Jahre her, dass wir unseren Urlaub auf der Teichalm verbracht haben. Damals waren wir beide noch passionierte Raucher, doch dazu kommen wir später.

Die Teichalm bildet mit der Sommeralm das größte zusammenhängende Almweidengebiet Europas. 2006 wurde es samt Umlandgemeinden von der steiermärkischen Landesregierung mit dem Prädikat ›Naturpark Almenland‹ ausgezeichnet. Dieser nunmehr geschützte Landschaftsraum, der aus Jahrhundertlangem Zusammenwirken von Mensch und Natur entstanden ist, soll demzufolge weiterhin behutsam genutzt, gepflegt und bewahrt werden. Und so schätzen nicht nur Wanderer das saftige Grün der Wiesen, die duftenden Almkräuter und das frische Quellwasser, sondern auch die Pferde, Schafe und Almochsen, die hier bis zum Almabtrieb im Herbst den Sommer verbringen. Dem gesunden Lebensstil ist die exzellente Fleischqualität der beliebten Almochsen zu verdanken. Feine Faserung, würziges Aroma und die zarte Marmorierung sind wohlschmeckende Merkmale eines Lebensmittels, das hier allerorts in unterschiedlichen Zubereitungsarten angeboten wird. Das hölzerne Ochsen-Denkmal, das man dem Leitprodukt der Region am Teichalmsee gesetzt hat, gab es schon in unserem Urlaub. Ebenso den nahen Moorlehrpfad, der durch eines der letzten Latschenhochmoore mit besonderer Tier- und Pflanzenwelt führt.

Beim Koch des Teichwirts am Teichalmsee möchten wir uns auf diesem Weg nochmals in aller Form entschuldigen. Musste er doch bei jeder im Zimmer gerauchten Zigarette, die den viel zu tief hängenden Rauchmelder auslöste, während der Arbeit in den zweiten Stock hinaufsprinten. Dort vergewisserte er sich, dass es nicht brennt, um den Alarm zu verhindern, der das teure Ausrücken der Feuerwehr zur Folge gehabt hätte. Nun, da wir längst nicht mehr rauchen, könnten wir dem Teichwirt eigentlich wieder einen Besuch abstatten.

Jeden Dienstag ist Almparty in der urig-gemütlichen Latschenhütte beim Teichalmsee angesagt. Weitere zünftige Events: www.latschenhuette.at

VEREIN STEIRISCHE BLUMENSTRASSE / TOURISMUSVERBAND
JOGLLAND-WALDHEIMAT /// KIRCHENVIERTEL 24 /// 8255 ST. JAKOB
IM WALDE /// (00 43) 0 33 36 / 2 02 55 /// WWW.BLUMENSTRASSE.AT,
WWW.JOGLLAND-WALDHEIMAT.AT ///

EIN LAND BLÜHT AUF

Steirische Blumenstraße

10/11

Begonnen hat alles im Erzherzog-Johann-Jubiläumsjahr 1959, als erstmals ein Blumenschmuckwettbewerb stattfand, der im Laufe der Jahre zu einer der größten Bewegungen in der steirischen Bevölkerung werden sollte. An die 30.000 Teilnehmer schmücken mittlerweile ihre Häuser, Gärten und Gehöfte mit Blumen und lassen das Land in leuchtenden Farben aufblühen. Alljährlich ermittelt eine Jury die Landessieger der verschiedenen Kategorien nach Kriterien wie Zusammenstellung, Kulturzustand und Gesamtwirkung, ähnlich wie beim europäischen Pendant ›Entente Florale‹.

Die Steirische Blumenstraße verbindet zehn mehrfach ausgezeichnete Blumendörfer, die meisten in der oststeirischen Region Joglland-Waldheimat gelegen, nämlich Wenigzell, Mönichwald, Pöllauberg, St. Kathrein am Offenegg, St. Jakob im Walde, Strallegg, Miesenbach, Vorau, St. Lorenzen am Wechsel und Fischbach. Kein Fenster, kein Balkon ist hier ohne Blumenschmuck, ob privat oder öffentlich. Duftende Themengärten vom Kräutergarten über den Schnapsgarten, bis hin zum Rosengarten und mehr laden zum Schauen, Lustwandeln und Informieren ein. Alle zwei Jahre veranstaltet der Verein Steirische Blumenstraße einen Blumenkorso, bei dem an die 25 ebenso aufwändig wie liebevoll geschmückte Blumenwägen durch einen der Mitgliedsorte fahren. Im Rahmen des Events, bei dem Groß und Klein mitfeiern, werden auch die Steirische Blumenkönigin und ihre beiden Prinzessinnen gewählt, die die Blumenstraße zwei Jahre lang repräsentieren – bis zum nächsten Blumenkorso.

Übrigens: Kaiserin Maria Theresia soll auf ihrer Reise durch den Norden der Oststeiermark einige Untertanen nach deren Namen befragt und immer wieder »I bin da Jogl« (Kurzform von Jakob) zur Antwort bekommen haben. »Das ist ja das reinste Joglland!«, hat Ihre Majestät schließlich ausgerufen und der Region damit ihren Namen verliehen.

Wann haben Sie das letzte Mal den Boden unter ihren nackten Füßen gespürt? Als Kind? Auf in den Barfußpark Wenigzell! Danach ruft die Bratl Alm zum zünftigen Almerlebnis.

TOURISMUSVERBAND NATURPARK PÖLLAUER TAL /// SCHLOSS 1 ///
8225 PÖLLAU BEI HARTBERG /// (00 43) 0 33 35 / 24 10 ///
WWW.NATURPARK-POELLAUERTAL.AT ///

WO DIE BIRNE NICHT WEIT VOM STAMM FÄLLT

Pöllau – Pöllauberg

57

Warum das beschauliche Pöllauer Tal, das sich zwischen Apfel- und Joglland immer wieder sanft erhebt und senkt, 1983 vom Land Steiermark zum Naturpark gekürt wurde, ist uns auch an einem trüben Tag wie diesem sonnenklar. Landschaftspflege ist hier großgeschrieben, Kultur und Tradition werden gelebt. Mosaikgleiche Felder, liebliche Hügel, Wälder und Streuobstwiesen erfreuen das Auge und laden zum Verweilen ein. Wir befinden uns in der Heimat der Hirschbirne (von ›Hirscht‹ wie Herbst), die zu allerlei Spezialitäten von köstlichem Essig bis Edelbrand sowie in der lokalen Küche verarbeitet wird. 20 Jahre dauert es, bis ein solcher Baum erstmals Früchte trägt. Das wiederholt er dann nur alle zwei Jahre, insgesamt aber bis zu 200 Jahre lang.

Die Wander- und Freizeitmöglichkeiten sind so vielfältig wie die Landschaft selbst. Das volle Programm gibt es im Tourismusbüro, das sich mitten im Ort Pöllau befindet – im sogenannten ›Schloss‹, welches eigentlich ein aufgelassenes Augustiner Chorherrenstift ist. Die Kirche St. Veit innerhalb der Schlossmauern ist eine Wucht, die größenmäßig von keiner Barockkirche des Landes getoppt wird. Ihr Vulgoname ›Steirischer Petersdom‹ kommt nicht von ungefähr, sondern vom Grundriss, der dem Vorbild in Rom nachempfunden ist.

Zum nächsten sakralen Bauwerk pilgern wir zu Fuß – zur hochgotischen Wallfahrtskirche Pöllauberg. Mit ihrem barockem Turm thront sie erhaben auf dem Samstagsberg, der volkstümlich so genannt wird, weil man früher meist an Samstagen hierherpilgerte. Wo wir schon mal heroben sind, spazieren wir noch durch die Themengärten rund um den Ortskern. ›Schnapsgarten‹ mit Zerrspiegeln und Wackeltischen, ›Frommer Garten‹ mit Gottesgnadenkraut und Teufelskralle, ›Zimmer mit Aussicht‹ und weitere Erlebnisgärten sind blühende Zeichen dafür, dass Pöllauberg zu Recht zur Steirischen Blumenstraße gehört (siehe vorherige Seite.)

Außer den Hirschbirnen-Spezialitäten sollten Sie den Lebkuchen probieren, der seit drei Generationen in der Lebzelterei Ebner in Pöllau hergestellt wird.

THERMENLAND STEIERMARK

Neudau
Stegersbach
Kaltenbrunn
St. Johann
Hartberg
Friedberg
Bernstein
Schlaining
Hohenbrugg
MUSEUM PFEILBURG /// KLOSTERGASSE 18 /// 8280 FÜRSTENFELD ///
(00 43) 0 33 82 / 5 54 70 /// WWW.MUSEUM-PFEILBURG.AT ///

KRIMI, KRUZITÜRKEN UND TABAK

Museum Pfeilburg Fürstenfeld

58

Um in der örtlichen Buchhandlung den Krimi ›Steirerherz‹ zu präsentieren, besuchen wir die Thermenhauptstadt Fürstenfeld. Der charmanten Leiterin der Stadtbücherei, die im historischen Zügnerhaus am Augustinerplatz untergebracht ist, verdanken wir auch die exklusive Stadtführung. Zuerst zeigt sie uns die beachtliche Sammlung von Werken und Alltagsgegenständen des Künstlers Hans Fronius in ihren Räumen.

Danach geleitet sie uns zur Pfeilburg mit dem Schwarzturm aus dem 12. Jahrhundert, einem der wenigen erhaltenen Wehrtürme der Steiermark. Was früher Edelmannssitz, erste Tabakfabrik Österreichs, Schule, Kaserne, Militärspital, Armenhaus und zuletzt Altenheim war, beherbergt nach aufwändiger Renovierung das Museum der alten Grenzstadt. Und was für ein Museum! Selten präsentiert sich Geschichte derart ansprechend wie hier und vermag die turbulente Vergangenheit der Region zum Leben zu erwecken. Im Kruzitürken-Museum erfahren wir, wie sehr der Osten Österreichs unter den Türken und Kuruzzen zu leiden hatte, was den Fluch ›Kruzitürken!‹ erklärt. Spektakulär ist auch die begehbare Bodenvitrine, die ein Stadtmodell um 1600 zeigt. Das Tabakmuseum widmet sich der Geschichte jener Kulturpflanze, die Fürstenfeld über drei Jahrhunderte prägte und ernährte, ehe 2005 das endgültige Aus für die Tabakproduktion kam. Die Exponate versetzen nicht nur (ehemalige) Raucher in nostalgische Stimmung. Auch Nichtrauchern sei diese Ausstellung ans Herz gelegt.

Die steinerne Skulptur vor dem Rathaus im Grazer Tor erinnert daran, dass die Kroaten, die der Kaiser 1848 geschickt hatte, um die ungarische Truppen aufzuhalten, auf dem Weg von Graz in den Weinkellern einkehrten und zuhauf sturzbetrunken von den Ungarn erschlagen wurden. Warum die Figur ›B'soffener Türk‹ und nicht ›B'soffener Kroat‹ heißt, konnte uns bisher aber niemand erklären.

Actionreich und sportlich zu Wasser und zu Land geht es im Freibad Fürstenfeld zu, dem größten Beckenbad in Österreich. www.dasfreibad.at

BURG RIEGERSBURG /// 8333 RIEGERSBURG ///
(00 43) 0 31 53 / 8 21 31 /// WWW.VESTE-RIEGERSBURG.AT ///

STOLZ UND MÄCHTIG – SCHICKSALSTRÄCHTIG

Burg Riegersburg

59

Aus welcher Himmelsrichtung Sie sich der Riegersburg auch nähern, die mächtige Festung, die auf einem 482 Meter hohen, steilen Vulkanfelsen in den Himmel ragt, wird Ihre Blicke magnetisch anziehen. Respekteinflößend wacht sie seit fast 900 Jahren über das südoststeirische Hügelland und trotzte dabei jedem Angriff.

Heute ist die Riegersburg im Nu erobert, zumal wir uns ausnahmsweise für den schnellsten Weg mit dem Schrägaufzug an der Nordseite entscheiden. Bisher haben wir immer den Wanderweg vom gleichnamigen Ort auf die Riegersburg genommen. Wer gut zu Fuß ist und es nicht eilig hat, sollte unbedingt diese historische Variante durch die sieben Festungstore wählen und auf die Spuren achten, die die Wagenräder im Basaltfelsen hinterlassen haben, um sich schon mal in die richtige Stimmung zu versetzen. Vom Ortszentrum aus dauert es ungefähr 20 Minuten, bis Sie auf der Burg sind, vom großen Parkplatz an der Liftstation etwa 40 Minuten, da sie ein Stück weit um den Burgfelsen herumgehen müssen, um in den Ort und zum Torwanderweg zu gelangen.

Die Geschichte der Riegersburg erfahren Sie am eindrucksvollsten in Ausstellungen und Führungen. Sagen und Legenden gibt es viele. Wie jene der Katharina Elisabeth Freifrau von Galler, die sich im 17. Jahrhundert in zahlreichen Prozessen entgegen dem männlich dominierten Weltbild immer wieder als Burgherrin behaupten musste. Ihr selbstbestimmtes Leben und ständige Querelen mit dem Pfarrer von Riegersburg brachten ihr den Beinamen ›Schlimme Liesl‹ ein. Doch dass ihre Bedienstete Katharina Paldauf als ›Blumenhexe‹ in den Feldbacher Hexenprozessen schuldig gesprochen und hingerichtet wurde, konnte auch die durchsetzungsstarke ›Gallerin‹ nicht verhindern. Jenem düsteren Kapitel der steirischen Geschichte widmet sich das Hexenmuseum in der Burg. Auch die Greifvogelflugschau ist sehenswert.

Ein besonderes Erlebnis sind die Vollmondnächte auf der Riegersburg mit Ritterkämpfen, Ahnenerwachen, Hexenflug und Kesselgulasch in der Taverne.

GSELLMANNS WELTMASCHINE /// KAAG 12 /// 8332 EDELSBACH ///
(00 43) 0 31 15 / 29 83 /// WWW.WELTMASCHINE.AT ///

ALLES DREHT SICH, ALLES BEWEGT SICH

Edelsbach

60

Da stehen wir nun vor Gsellmanns Weltmaschine, fasziniert von der kinetischen Meisterleistung, die keinen anderen Zweck erfüllt, als zu faszinieren. Dabei hat es ursprünglich nur einen von uns beiden hierhergezogen – raten Sie mal, wen. Doch auch wenn einen Technik wenig interessiert, imponiert das Objekt als Kunst- und Lebenswerk. Und so leuchten unser beider Augen, als sich die Installation im ehemaligen Bauernhof in Bewegung setzt.

Es klappert, es rattert, es läutet, pfeift und blinkt. Inspiriert vom Atomium auf der Brüsseler Weltausstellung, zu der Franz Gsellmann 1958 gereist war, begann er eine Weltmaschine zu installieren. Über 20 Jahre arbeitete er an seinem Lebenswerk, bis es endlich seinen Vorstellungen entsprach. »Es ist vollbracht«, soll er 1981 verkündet haben, ehe er noch im selben Jahr verstarb.

Rund um das Kernstück – ein mitgebrachtes Atomium-Modell – baute er ein Gebilde aus Hula-Hoop-Reifen und fügte allerlei Altwaren an, die er zusammentragen konnte. Manches ließ er extra anfertigen. So finden sich unter 2.000 Einzelteilen Vogelpfeifen, Blaulichter, Orgelgebläse, Haartrockner, ein Modell des Grazer Uhrturms und eine Spielzeugrakete, die er in Japan bestellt hatte. 25 Motoren treiben die Maschine an und ließen im Dorf den Strom ausfallen, als er sie erstmals einschaltete. Die ersten acht Jahre durfte niemand einen Blick auf sie werfen. Heute reisen 10.000 Besucher im Jahr aus aller Welt hierher, um die Schöpfung eines Mannes zu bestaunen, der lieber Elektriker geworden wäre, anstatt den Hof seines Vaters zu übernehmen.

Die Weltmaschine ist aber nicht die einzige Attraktion in Edelsbach. Das Brückenmuseum (Edelsbach 15) der gelernten Köchin Renate Theißl zeigt auf dem Freigelände Originale, die früher Alpenbäche, Flüsse und Gräben überspannten. Modelle und Werkstatt sind im Museum zu bewundern.

Im Bienengarten können Sie anschaulich miterleben, wie Bienen, Flora und Imker erfolgreich zusammenarbeiten. www.bienengarten.at

BUNTES WURDE IN FELDBACH AUF DIE (KIRCHTURM-)SPITZE GETRIEBEN.
TOURISMUSVERBAND FELDBACH /// HAUPTPLATZ 1 /// 8330 FELDBACH ///
(00 43) 0 31 52 / 3 07 90 /// WWW.FELDBACH-TOURISMUS.AT ///

EJSS'N UND TRINKEN HOLT LEIB UND SÖL Z'SOMM

Altstadt Feldbach

61

Dass Essen und Trinken Leib und Seele zusammenhalten, gilt auch und besonders im Vulkanland, in dessen Herzen Feldbach liegt. (Wer wissen möchte, wie Vulkanländisch klingt, hört am besten hier hinein: www.mundart.vulkanland.at.) Auf den fruchtbaren Böden der Südoststeiermark gedeihen Wein, Früchte für ausgezeichnete Obstbrände, steirische Ölkürbisse und vieles mehr, was in den hiesigen Manufakturen zu regionalen Spezialitäten verarbeitet wird. Vor allem den Vulkanland-Schinken sollten Sie probieren. In der Schinkenwelt Vulcano Ursprung in Auersbach erfahren Sie alles Wissenswerte zu dieser Köstlichkeit (www.vulcano.at).

Die Bezirksstadt Feldbach liegt strategisch günstig im Raabtal am Kreuzungspunkt zwischen den Straßenverbindungen Hartberg–Radkersburg (Nord-Süd) und Gleisdorf–Ungarn (West-Ost). Was für Verkehr, Handel und Gewerbe von Vorteil war, machte den Ort auch zum begehrten Ziel für feindliche Angriffe. So ist nur noch ein Teil der über 500 Jahre alten Befestigungsanlage Tabor erhalten, die um die heutige Stadtpfarrkirche St. Leonhard herumführte. Die Häuschen mit ihren Gewölbekellern im Tabor dienten Familien samt Vieh als Zufluchtsstätte, wenn wieder einmal Gefahr drohte. Jetzt ist hier ein sehenswertes regionales Universalmuseum untergebracht (www.tabor-feldbach.at). Davor sticht der mit bunten Flecken bemalte Kirchturm der Stadtpfarrkirche ins Auge, der den alten, im Zweiten Weltkrieg gesprengten ersetzt. Eines der schönsten Baujuwele der Steiermark befindet sich unweit davon: die neugotische Villa Hold.

Abseits aller historischen Schätze, wie dem Steinernen Metzen am Hauptplatz, der vor der Einführung einheitlicher Messgrößen fast überall in der Oststeiermark als Mustermaß galt, finden sich in der lebendigen Stadt vielfältige und individuelle Einkaufsmöglichkeiten.

Ein Refugium haben wir in der Altstadtgasse gefunden. Durch ein Tor gelangt man in üppig bepflanzte Innenhöfe mit kleinen Läden und Restaurant.

SCHLOSS SEGGAU AN DER STEIRISCHEN SCHLÖSSERSTRASSE
DIE SCHLÖSSERSTRASSE /// 8223 STUBENBERG AM SEE 1 ///
(00 43) 0 31 76 / 88 25 -0 /// WWW.SCHLOESSERSTRASSE.COM ///

AUF DEN SPUREN DER VERGANGENHEIT

Steirische Schlösserstraße

11/11

Folgt man der Schlösserstraße mit ihren 14 steirischen Burgen und Schlössern (drei weitere liegen im Burgenland), begibt man sich auf eine abwechslungsreiche Reise in die Geschichte des Landes. Jedes der Bauwerke hat seine Region und Epochen geprägt. Jedes erzählt andere spannende Geschichten – von Kelten, Kreuzrittern, Geistern, Hexen, Grafen, Fürsten, Chorherren und Bischöfen; von grausamen Folterungen, leichtsinnigen Spieleinsätzen, feindlichen Belagerungen und ungebührlichen Liaisonen. Sie alle können besichtigt werden. Viele locken mit Ausstellungen und Veranstaltungen, Restaurants und Cafés. Manche sind Hotelbetriebe und laden zum stilvollen Verweilen ein. Besonders romantisch übernachten lässt es sich in Schloss Kapfenstein und Schloss Thannegg (Gröbming), entschleunigen in Schloss Stubenberg, herrschaftlich tagen und wohnen in Schloss Seggau. In Schloss Obermayerhofen (Sebersdorf) sorgt die gräfliche Besitzerfamilie höchstpersönlich für das Wohl ihrer Gäste, während in der Burg Deutschlandsberg ritterliche Gefühle aufkommen.

Auch die Gärten und Parkanlagen der Schlösser wollen besucht und belustwandelt werden. Schloss Kapfenstein bietet ein romantisches ›Picknick im Weingarten‹ mit Köstlichkeiten aus der Schlossküche und dem Weinkeller an. Auf der Riegersburg erwartet Sie eine eindrucksvolle Greifvogelschau, am Fuß des Vulkanfelsens der Bienengarten. Das prachtvolle Schloss Herberstein beherbergt einen eigenen Tierpark, das Kunsthaus und das Gironcoli-Museum. Schloss Aichberg widmet sich ebenfalls der zeitgenössischen Kunst, unter anderem mit einer Dauerausstellung, die Werke von Oswald Oberhuber zeigt. Weitere sehenswerte Fixpunkte der Steirischen Schlösserstraße sind Schloss Hartberg, Schloss Kornberg (Feldbach), Schloss Pöllau, Schloss Schielleiten, das ein Sporthotel beherbergt, und Bad Radkersburg.

Wie wär's mit einer Traumhochzeit auf der Schlösserstraße? Ob intime, romantische Feier oder rauschendes Fest, hier findet jeder die perfekte Location mit oder ohne Wedding Planner.

KAISERLICH-KÖNIGLICHE BEGEGNUNGEN BEIM ALLJÄHRLICHEN BIEDERMEIERFEST.

BAD GLEICHENBERG TOURISMUS /// OBERE BRUNNENSTRASSE 1 /// 8344 BAD GLEICHENBERG /// (00 43) 0 31 59 / 22 03 /// WWW.BAD-GLEICHENBERG.AT ///

›DIESEN ERDENHIMMEL LIEBE ICH …‹

Bad Gleichenberg

62

So schrieb einst der steirische Heimatdichter Peter Rosegger über den ältesten Kurort der Steiermark. Und weiter: ›Gleichenberg ist eine weiche, blumenumwundene Sänfte, wo man sich in aller Behaglichkeit wohl einmal ein paar Wochen dem ungestörten Nichtstun und Nichtssein hingeben kann …‹ Ja, das gelingt hier vortrefflich. Auch heute noch. Die Natur punktet mit vulkanhügeliger Sanftheit, mildem Klima und Heilkräften, die aus mineralischen Quellen sprudeln. Angeblich wussten schon die vorchristlichen Römer, deren Brunnen hier entdeckt wurde, von der Wirkung des Gleichenberger Wassers, das bei Atmungsbeschwerden, Hauterkrankungen und Rheuma Linderung verschaffen soll. Jedenfalls aber wandelten zu Zeiten Kaiser Franz Josephs I. hochwohlgeborene Herrschaften und gekrönte Häupter durch den 20 Hektar großen Kurpark. Als ›Grüner Salon‹ neben dem modernen Kurhaus aus Holz und Glas gelegen (eröffnet anno 2008), ist er noch immer das eigentliche Zentrum des Ortes. Alljährliche Biedermeierfeste und zahlreiche Kurkonzerte lassen nostalgische Bilder wieder aufflackern. Historische Führungen rund um die alten Villen beleuchten so manchen (Kur-) Schatten der Vergangenheit.

Wer außerhalb der Behandlung im Therapiezentrum oder in der Spa-Welt Herz und Kreislauf stärken möchte, findet zahlreiche gut markierte Wanderwege, Lauf- und Walkingstrecken sowie einen 9-Loch-Golfplatz (www.golf-badgleichenberg.at). Unzählige Ausflugsmöglichkeiten bieten sich entlang der nahen Schlösserstraße (Schloss Kapfenstein, Schloss Kornberg und Riegersburg) sowie der Klöcher- und Südoststeirischen Hügelland-Weinstraße. Apropos Wein: Einen Überblick über mehr als 100 steirische Weine können Sie sich in der Gesamtsteirischen Vinothek in St. Anna am Aigen verschaffen (Marktstraße 6) – soweit Ihnen Ihr Kurarzt oder Sie selbst es sich gestatten.

Wie es im Mesozoikum zugegangen sein soll, erfahren große und kleine Kinder im Styrassic Park mit über 80 lebensgroßen Urzeitechsenmodellen von Tyrannosaurus Rex und Co. www.styrassicpark.at

MUSEUM NOSTALGISCHES LANDLEBEN BULLDOGWIRT ///
8345 HOF BEI STRADEN 2 /// (00 43) 0 34 73 / 82 67 ///
WWW.BULLDOGWIRT.AT ///

ERLEBNISREISE MAL DREI

Museum Nostalgisches Landleben Hof bei Straden

Auf dem Weg von Straden nach Bad Radkersburg, wo sich Fuchs und Hase auf Vulkanländisch gute Nacht sagen, trauen wir unseren Augen nicht. Am Straßenrand reiht sich allerlei Krempel dicht an dicht, der im Vorbeifahren nicht zu identifizieren ist. Das muss genauer untersucht werden. Also flugs umgedreht und ausgestiegen, die Kameras im Anschlag. Was wir hier vorfinden, ist keineswegs Krempel, sondern eine schier unfassbare Sammlung von historischen, landwirtschaftlichen und handwerklichen Geräten, Traktoren, Maschinen, Schildern und Alltagsgegenständen, die im Museum Nostalgisches Landleben des Gasthofs Bulldogwirt ausgestellt sind. Weitere Highlights auf dem Freigelände: ein Bauernblockhaus von 1766, die Strohdachhitt'n von 1872, die Göpplhitt'n von 1888 und ein Schauschmiedeturm von 1830. Drinnen im Salettl des Wirtshauses geht es weiter. Wir kommen aus dem Staunen nicht heraus und schießen ein Foto nach dem anderen. Mit der Ausbeute ließen sich drei Bücher füllen. Beglückt beschließen wir, im lauschigen Gastgarten unter einem mächtigen Kastanienbaum Platz zu nehmen und die altsteirische Küche zu genießen. Zu den herzhaften Schmankerln zählen Steinpilzsuppe mit Heidensterz, Klachelsuppe mit Sterznockerln, hausgemachte Breinwurst auf Grammel Sauerkraut und Kalbs-Weinbeuschel mit Kräuterknödel.

Und weil eine Überraschung selten allein kommt, befinden sich unweit vom Bulldogwirt gleich zwei weitere sehenswerte Schauplätze. Einmal das Hochzeitskultur-Museum, das historische Schauobjekte vom Brautkleid von 1873, über Hochzeitsgeschenke, -tafel, -fotografien und ›Correspondenz-Karten‹ ab 1890 bis hin zum Ehebett von 1750 zeigt. Zum Zweiten das Heilwasser-Museum Johannisbrunnen, das die Geschichte der Heilwasserquelle aufrollt. Führungen für beide Museen können telefonisch vereinbart werden: 03473/8201 (www.johannisbrunnen.at).

Hof liegt wie das gesamte ›Strod'ner‹ Weinland im Süden der Südoststeirischen Hügellandweinstraße. Typische Spezialität ist der Stradner Grauburgunder.

TOURISMUSVERBAND KLÖCH /// 8493 KLÖCH 110 ///
(00 43) 0 34 75 / 50 70 /// WWW.KLOECH.COM ///

ROSIGE AUSSICHTEN UNTERWEGS

Klöch

64

Nach links oder rechts? Oder doch lieber zuerst in die Vinothek und ins Weinbaumuseum Klöch, wo wir gerade angekommen sind? Diese Fragen stellen sich uns am Schnittpunkt der Achterschleife, die der insgesamt 13,5 Kilometer lange Traminerweg rund um Klöch bildet. Hinein in die Vinothek und erst einmal einen Überblick über die Weine der Region verschaffen, danach das Weinbaumuseum besuchen, entscheiden wir schließlich.

Vierzig Minuten später sind wir um einiges schlauer, was Anbau, Vinifizierung und Charakter des regionstypischen Traminers betrifft, aber noch immer nicht einig, ob wir unsere Wanderung nun mit dem westlichen oder dem östlichen Streckenabschnitt beginnen sollen. Die Münze schickt uns nach links. Soll uns recht sein. Nach gut zwei Stunden Gehzeit und einer Rast in einem Buschenschank oder Gasthof werden wir sowieso hierher zurückkehren. Wir müssen nur den Schildern mit der Rose folgen, die den Traminerweg kennzeichnen. Das sollte auch nach dem einen oder anderen Achterl zu schaffen sein. Der Patron der Dorfkirche, der heilige Georg, blickt uns von der Spitze seines Kirchturms hinterher, dann geht es durch den Pfarrwald bergauf.

Unterwegs genießen wir die ultimativen steirischen Backhendln (mit Haut!) im Gasthof des Weingut Palz (Klöchweg 45), dazu eine Flasche trockenen Traminers und immer wieder die schöne Aussicht. Der Weg führt uns weiter durch Weingärten, Wälder und über Obstwiesen zurück zum Ausgangspunkt. Die östliche, etwas kürzere Runde schaffen wir auch noch, wo wir schon einmal in dieser zauberhaften Gegend sind. Bei den Aussichtswarten halten wir an und blicken ins Vulkanland und nach Slowenien. Die letzte Plattform ist die romantischste, befindet sie sich doch im Turm der Burgruine Klöch. Zwischendurch besuchen wir die Galerie Gutmann und den mehrfach preisgekrönten Buschenschank Gießauf-Nell.

Der vielleicht schönste Platz des Landes für Golfer (mit 18-Loch-Anlage und 7-Loch-Kurs): Traminer Golf Klöch, 8493 Klöch 192, www.traminergolf.at

GÄSTEINFO TOURISMUSVERBAND BAD RADKERSBURG UND RADKERSBURG UMGEBUNG /// HAUPTPLATZ 14 /// 8490 BAD RADKERSBURG /// (00 43) 0 34 76 / 2 54 50 /// WWW.BADRADKERSBURG.AT ///

KENNEN SIE MURNOCKERLN?

Altstadt Bad Radkersburg

65

Nein, Murnockerln sind nichts zum Essen, wenngleich es ein empfehlenswertes Restaurant in Altgralla bei Leibnitz und ein Gay-Lokal in Graz selben Namens gibt. Auch die publizistische Variante als Gesellschaftskolumne einer Tageszeitung ist hier nicht gemeint, sondern die ursprüngliche, geologische. Murnockerln sind runde Steine, die als Überbleibsel der letzten Eiszeit in den Alpen den Untergrund des Steirischen Beckens bilden. In Bad Radkersburg treten diese Rundlinge, die aus der Mur stammen, (wie auch mancherorts in Graz) als Pflastersteine ans Tageslicht. Das passt hervorragend ins historische Gesamtbild der eindrucksvollen Festungsstadt, verlangt aber nach bequemem Schuhwerk, um die ehemals bedeutende Handels- und Grenzstadt an der Mur zu erkunden.

Dass auf die Erhaltung der Altstadt großer Wert gelegt wird, sieht man an allen Ecken und Enden. Dafür wurde die heutige Thermenstadt an der Schlösserstraße, die mit Bauwerken aus Hochmittelalter, Renaissance und Barock glänzt, sogar mit der Europagoldmedaille für Denkmalpflege ausgezeichnet.

Das Wahrzeichen der Stadt steht in achteckiger Form des Rathausturms auf dem Hauptplatz, den schmucke zwei- bis dreigeschossige Häuser säumen, die obligate Mariensäule, die an die Pestplage erinnert, im Zentrum des weitläufigen Platzes. Beim Alten Rathaus lohnt sich ein Blick hinter die Fassade – aber nicht nur dort. Das denkmalgeschützte Gebäudeensemble wurde um einen modernen Zubau erweitert und gekonnt zu einem Veranstaltungszentrum verbunden. Bei unserem Stadtspaziergang jagt ein architektonisches Highlight das andere. Romantische Arkadenhöfe, Torbögen, mittelalterliche Befestigungsmauern, aber auch zahlreiche lauschige Gastgärten, die regionale Küche sowie die hervorragenden Weine aus dem südoststeirischen Weinland wollen entdeckt werden (Tipp: Urbani Vinothek in der Langgase 7).

Entspannung finden Sie in der Parktherme Bad Radkersburg mit ihrem mineralstoffreichen, gesundheitsfördernden Thermalwasser. www.parktherme.at

MURECKER SCHIFFSMÜHLE – RESTAURANT MÜHLENHOF ///
AM MÜHLENHOF 1 /// 8480 MURECK /// (00 43) 0 34 72 / 29 52 ///
WWW.SCHIFFSMÜHLE.AT ///

ES KLAPPERT DIE MÜHLE ...

Murecker Schiffsmühle

66

Als Kleinod aus vergangenen Tagen präsentiert sich die Murecker Schiffsmühle am südlichen Zipfel der Steiermark, nahe der slowenischen Grenze. Wie schon vor Jahrhunderten wird hier die Wasserkraft der Mur genutzt, um das Getreide der Bauern aus der Umgebung zu mahlen. Transportwege, die sonst oft durchs halbe Land führen, werden vermieden, was nicht zuletzt auch der artenreichen Aulandschaft der Murauen zugute kommt.

1997 wurde die Murecker Schiffsmühle nach historischem Vorbild errichtet, um als einzige schwimmende Mühle Mitteleuropas betrieben zu werden. Der Ponton erinnert an ein Hausboot, das hölzerne Wellrad, das für den Antrieb der Mühle sorgt, an das Schaufelrad eines Raddampfers. Im Inneren der Bartholomäus-Lorber-Mühle befinden sich Mühl- und Mahlwerk, die Dinkel, Weizen und Roggen zu Mehl verarbeiten. Ein Prozess, bei dem wir fasziniert zusehen. Riesige Zahnräder übertragen die Energie, die das Getreide mahlt und den Schrot vom Mehl trennt. Mehl, das auch vor Ort vertrieben wird. Im Hausboot befindet sich auch die schlichte Unterkunft für den Schiffsmüller und seine Gehilfen, die zu Stoßzeiten rund um die Uhr beschäftigt sind.

Nach schweren Regenfällen im Juli 2012 versank die Schiffsmühle zum insgesamt vierten Mal in der reißenden Mur und konnte erst im Oktober, nach einigen gescheiterten Versuchen, geborgen werden – mit beträchtlichen Schäden. Die Sanierungsarbeiten sollen 2013 durchgeführt werden und endlich dafür sorgen, dass das Wahrzeichen der Region unsinkbar wird. Auch wenn die Wiedereröffnung der Schiffsmühle ein wenig auf sich warten lässt, empfehlen wir Ihnen einen Besuch im Restaurant Mühlenhof vis-à-vis. Auf der beschaulichen Terrasse am nahen Ufer oder in der gemütlichen Stube genießen Sie frische, mit Leidenschaft zubereitete steirische Küche, die unter anderem von Falstaff und Gault Millau ausgezeichnet wurde.

Am Au-Erlebnisweg-Mureck entlang der Mur und durch den Auwald lässt sich in Österreichs zweitgrößtem Auwaldgebiet naturnah Energie tanken. www.mureck.gv.at

STEIRISCH G'REDT

Glossar

aufi hinauf

Bandltanz, der Die an einem geschmückten Baumstamm (Bandlbaum) angebrachten bunten Bänder werden in genau festgelegten Tanzschritten von Burschen und Mädchen in Trachten zu einem Muster um den Baum geflochten und in entgegengesetzter Richtung wieder entflochten.

Bauernkrapfen, der flaumiges Hefegebäck, in Butterschmalz herausgebacken, mit einem Klecks hausgemachter Marmelade garniert

Buschenschank, der Gastwirtschaft, in der Weinbauern zu bestimmten Öffnungszeiten die eigenen Produkte ausschenken und dazu Brettljausn mit G'selchtem (= geräuchertem Schweinefleisch), kaltem Schweinsbraten, Schinken, Selchwürsteln, Kren (= Meerrettich), Aufstrichen wie Verhackert (aus fein gehacktem Speck), Brot und anderen Schmankerln meist auf einem Holzbrett servieren

Eierschwammerl, das Pfifferling

Eierspeis(e), die Rührei

eini hinein

Erdäpfel-Vogerlsalat, der Kartoffel- und Feldsalat gemischt

Grazer Krauthäuptel, das Grüne Blattsalatsorte

g'schmackig wohlschmeckend

Gstanzl, das gesungener Vierzeiler

Hendl, das Huhn, Hähnchen

Hirschlos'n den Hirschen zuhören

Käferbohne Prunkbohne, die im Südosten der Steiermark gedeiht und deren Aussehen an Käfer erinnert

Kaiserschmarrn, der süßes, flaumiges Gericht aus Mehl, Milch und Eiern, meist serviert mit Zwetschkenröster (Pflaumenkompott mit ausgewählten Gewürzen wie Nelken und Zimt)

Kernölschmölzi, das Rührei mit Kürbiskernöl und frischen Kräutern

Krenwurzn, die Meerrettichwurzel

Kukuruz, der Mais

Mehlspeise, die süße Nachspeise

Na, pfau! auch: *Na, pfo!* Ausdruck der Bewunderung

owi hinunter

Quetschn, die, auch*: Ziach, die* oder *Knöpferlharmonika, die* Steirische Harmonika

Schmankerl, das Leckerbissen

Schwammerl, das Pilz

Schwarzbeere, die Heidelbeere, Blaubeere

Sturm, der Federweißer

umadum herum

umi hin- oder herüber

Zeitroas, die Zeitreise

Autor und Verlag haben alle Informationen geprüft. Gleichwohl wissen wir, dass sich Gegebenheiten im Verlauf der Zeit ändern, daher erfolgen alle Angaben ohne Gewähr. Sollten Sie Feedback haben, bitte schreiben Sie uns! Über Ihre Rückmeldung zum Buch freuen sich Autor und Verlag: lieblingsplaetze@gmeiner-verlag.de

A9
38
39
37
40
41
Hallstatt
Admont
Nationalpark
Gesäuse
36
Irdning
34
33
Schladming
32
35
28
30
Oberwölz
Stadt
Knittelfeld
25
26
27
29
Judenburg
23
Murau
24
A10
Schloßberg
2
7
Lendplatz
6
Forum
Stadtpark
Graz
5
1
4
Opernring
3
Villach

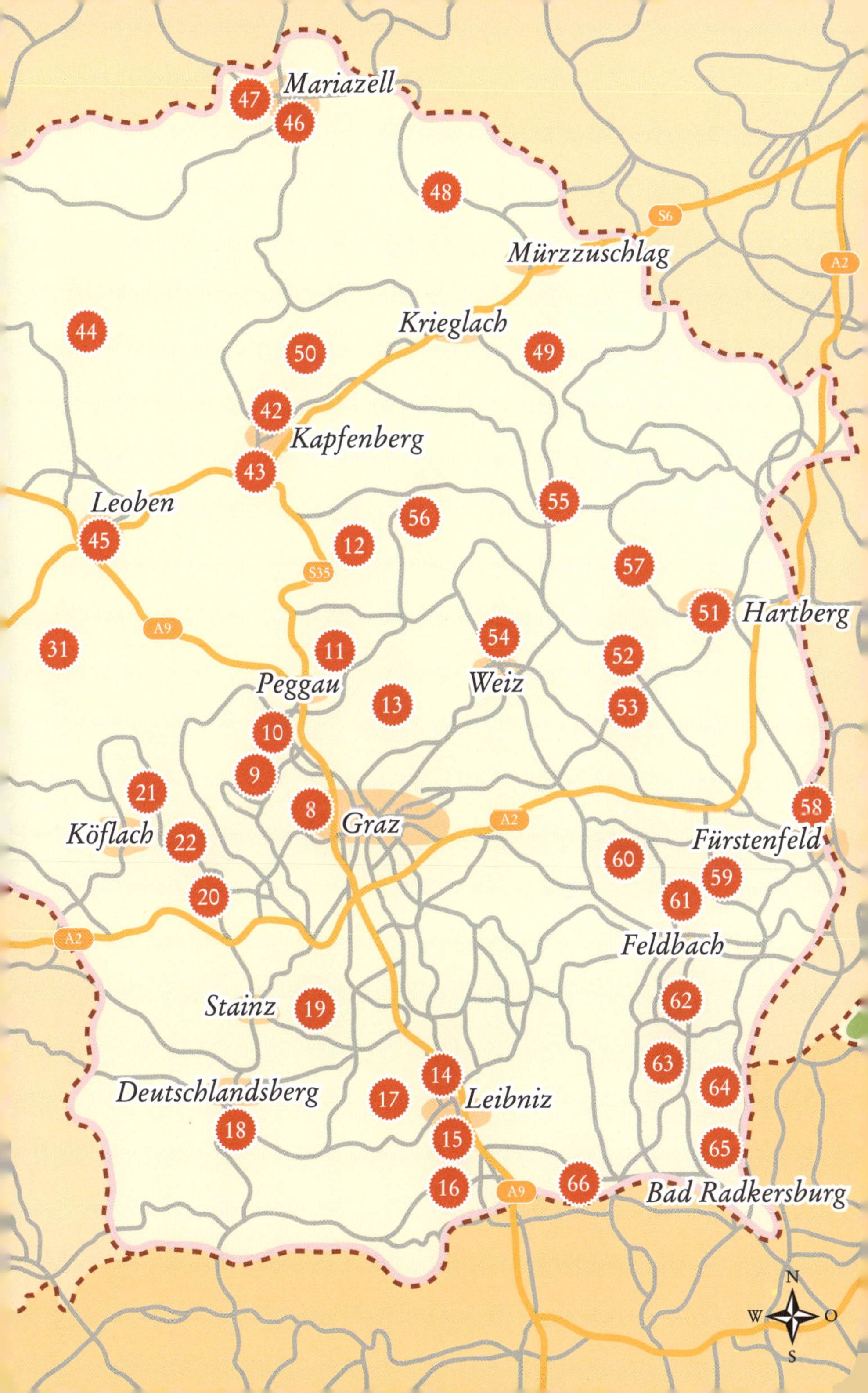

Mariazell
47
46
48
S6
Mürzzuschlag
A2
Krieglach
44
50
49
42
Kapfenberg
43
Leoben
45
55
56
12
S35
57
51
Hartberg
A9
31
11
54
52
Peggau
Weiz
13
53
10
9
21
8
Graz
58
A2
Köflach
22
60
Fürstenfeld
59
20
61
A2
Feldbach
62
Stainz
19
63
64
14
Deutschlandsberg
17
Leibniz
18
15
65
16
66
A9
Bad Radkersburg
N
W
O
S

Österreich
A9
Altaussee
6/11
Hallstatt
Nationlpark
Gesäuse
Admont
Irdning
A9
Gröbming
Schladming
11/11
2/11
2/11
Oberwölz
Stadt
Knittelfeld
1/11
Judenburg
Murau
5/11
2/11
Turrach
2/11
A10
Friesach
Wolfsberg
ERLEBNISSTRASSEN:
1/11 Murradweg
2/11 Pilgerwege
3/11 Schilcher Weinstraße
4/11 Steirische Ölspur
5/11 Holzwelt Murau
6/11 Loser Panoramastraße
7/11 Steirische Eisenstraße
8/11 Steirische Wasserstraße
9/11 Steirische Apfelstraße
10/11 Steirische Blumenstraße
11/11 Steirische Schlösserstraße

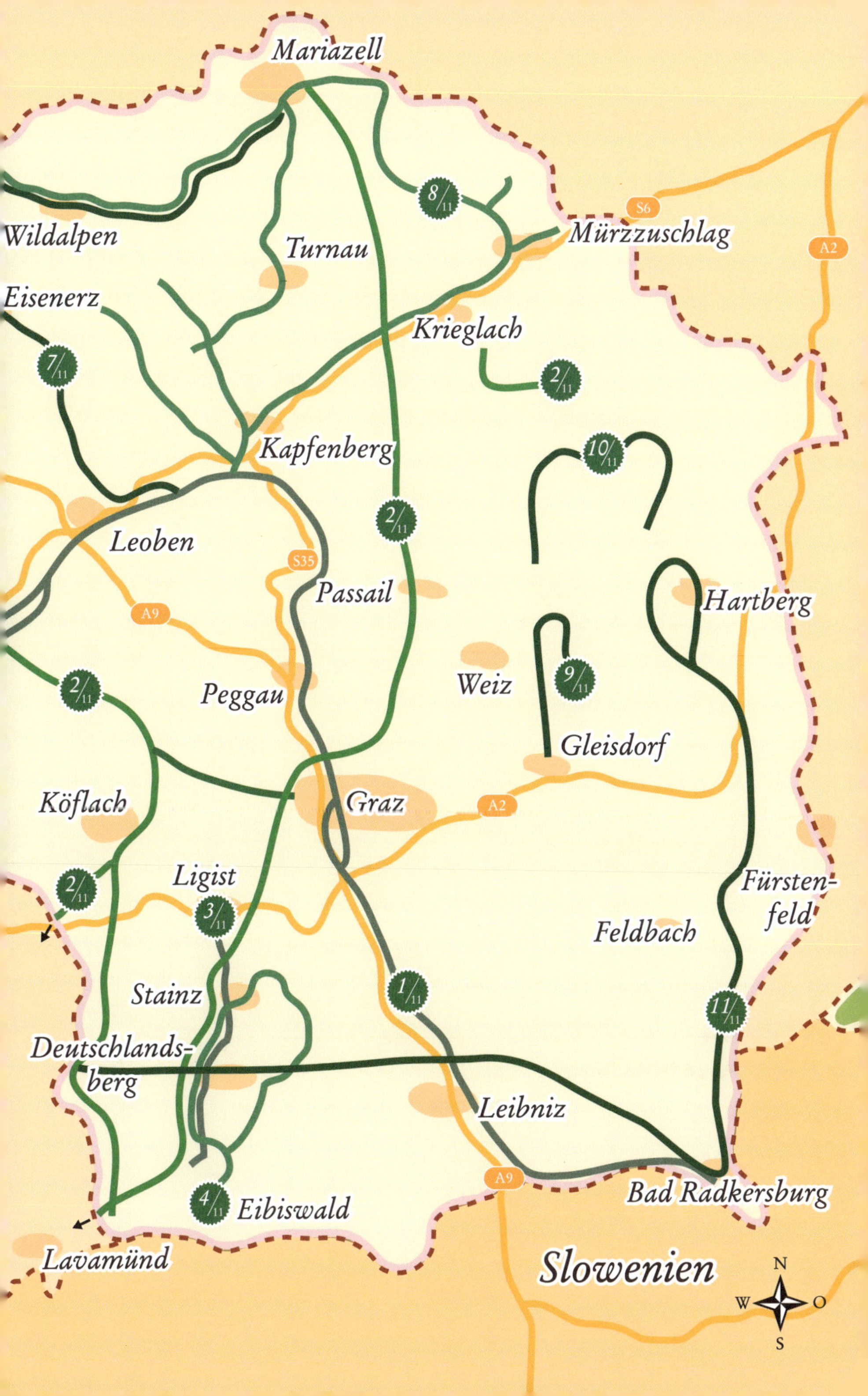

Mariazell
8/11
Wildalpen
Turnau
S6
Mürzzuschlag
A2
Eisenerz
Krieglach
7/11
2/11
10/11
Kapfenberg
Leoben
2/11
S35
Passail
Hartberg
A9
2/11
Weiz
9/11
Peggau
Gleisdorf
Köflach
Graz
A2
Ligist
2/11
3/11
Fürsten-
feld
Feldbach
Stainz
1/11
11/11
Deutschlands-
berg
Leibniz
4/11
Eibiswald
A9
Bad Radkersburg
Lavamünd
Slowenien
N
W
O
S

REGISTER

Lieblings-
plätze

Neue **Lieblingsplätze**

☞ Größeres Format, neue Gestaltung, mehr persönliche Einblicke

Entdecken und erleben

978-3-8392-1368-1

978-3-8392-1364-3

978-3-8392-1365-0

978-3-8392-1366-7

978-3-8392-1363-6

978-3-8392-1367-4

978-3-8392-1358-2

978-3-8392-1356-8

978-3-8392-1361-2

978-3-8392-1362-9

978-3-8392-1357-5

978-3-8392-1359-9

Weitere **Lieblingsplätze**

Liebevoll ausgestattete Reiselesebücher mit individuellen Tipps, die Lust aufs Entdecken und mehr machen.

Die ganze Vielfalt

978-3-8392-1154-0

978-3-8392-1280-6

978-3-8392-1170-0

978-3-8392-1256-1

978-3-8392-1282-0

978-3-8392-1155-7

978-3-8392-1156-4

978-3-8392-1283-7

978-3-8392-1281-3

978-3-8392-1157-1

978-3-8392-1255-4

978-3-8392-1254-7

978-3-8392-1258-5

978-3-8392-1159-5

978-3-8392-1160-1

978-3-8392-1161-8

978-3-8392-1162-5

978-3-8392-1279-0

978-3-8392-1257-8

978-3-8392-1166-3

978-3-8392-1284-4

978-3-8392-1259-2

978-3-8392-1253-0

978-3-8392-1164-9